倪光南
大国匠"芯"

陈玉新 ◎ 著

华文出版社
SINO-CULTURE PRESS

图书在版编目（CIP）数据

倪光南：大国匠"芯"/ 陈玉新著. -- 北京：华文出版社, 2020.1

ISBN 978-7-5075-5224-9

Ⅰ. ①倪… Ⅱ. ①陈… Ⅲ. ①倪光南—传记 Ⅳ. ①K826.16

中国版本图书馆CIP数据核字（2019）第257435号

倪光南：大国匠"芯"
NI GUANGNAN : DAGUO JIANG "XIN"

著　　者：	陈玉新
出版策划：	兴盛乐
责任编辑：	张　轶
出版发行：	华文出版社
社　　址：	北京市西城区广安门外大街305号8区2号楼
邮政编码：	100055
网　　址：	http://www.hwcbs.com.cn
电　　话：	总 编 室 010-58336239　　发 行 部 010-58336267　58336230
	责任编辑 010-58336195
经　　销：	新华书店
印　　刷：	固安县保利达印务有限公司
开　　本：	710×960　1/16
印　　张：	13
字　　数：	144千字
版　　次：	2020年1月第1版
印　　次：	2020年1月第1次印刷
书　　号：	ISBN 978-7-5075-5224-9
定　　价：	39.80元

版权所有　侵权必究

自　序

追梦路上　不忘初"芯"

中兴事件之后，倪光南又一次出现在聚光灯下。说"又一次"可能不太准确，倪光南其实一直都在聚光灯下。

倪光南1939年8月出生于浙江省镇海县，这里是有名的"院士乡"，截止到2017年底，这里已经走出了30位中国"两院"院士。

从南京工学院毕业之后，倪光南进入中科院计算所，开始了自己为国产技术发展奔波和操劳的一生。

从人生成就上来看，倪光南的履历足够精彩。他是首批中国工程院院士，也是联想集团唯一的总工程师，其主持研发的联想式汉字输入系统和联想微机，分别在1988年和1992年获得了国家科技进步一等奖。联想集团的名称也是来自倪光南主持研发的联想汉卡。

现代人在评价一个人的成就时，往往会使用一个均等的指标。金钱在大多数时候就充当了这个指标，这一指标是否合理，人们考虑得并不多。企业家有财富排行榜，作家有财富排行榜，明星也有财富排行榜，但科学家貌似还没有这一类型的排行榜。

倪光南是一位名副其实的科学家，在他身上，有科研人员的孜孜不倦和笃定执着。他的孜孜不倦让他接连领军创造出联想式汉卡、联想微机、联想激光打印机和联想程控交换机以及诸多造就联想早期无数辉煌的IT产品，使联想公司从中关村的众多小企业中脱颖而出，一跃成为当时中国高科技企业的代表；他的笃定执着让他为自主研发国产技术奔走半生。

为了能够让联想在技术研发的道路上一直走下去，他宛如堂吉诃德一样冲向风车，最终折了长矛、碎了旧盾，堂吉诃德被连人带马甩了出去。离开联想时的倪光南真像是堂吉诃德一样，但他不需要别人搀扶，也并没有就此倒下去。

他并不是堂吉诃德，他所追求的并不是一场梦。如果非要说是一场梦，那也是整个国家的梦，一个只要努力去做就可以实现的梦。

这个梦就是研发具有自主知识产权的技术和产品，从操作系统到芯片，中国都应该拥有自己的知识产权。在这两方面，倪光南和同事们进行过尝试，但却没有取得全面成功。大多数人在面对失败时会退缩，即使只是别人的失败，有些人也会止步不前。

倪光南没有这样，但却发现大多数人面对核心技术研发的困难时都有些犹豫不决了。在这一阶段，倪光南开始将自己的角色从身先士卒的勇士转换成为摇旗呐喊的助推者，这并不是退缩，而是一种新的探索。正如鲁迅先生觉得手握手术刀无法拯救国人一样，转而去用更为尖锐的笔锋来唤醒"沉睡的人们"。

当然，这一角色的转换也有一丝悲凉和无奈，他何尝不想继续在技术的最前沿进行攻关，但少数人的力量总是微薄的，滴水穿石是一个成功的案例,但却忽视了其中的时间要素。对于先进技术的研发,不是你超越我,就是我甩开你,滴水穿石的功夫在这里并不好用。

有一个很有趣的现实是,随着中国科技实力的不断增强,中国的杰出科学家却变得越来越少,尤其年轻的科学家少之又少。这里面的原因并不好用一言半语来解释清楚,但可以想象,长此以往,并不利于中国技术实力的提高。

倪光南的呐喊很大程度上是为了让更多的人看到自主研发核心技术的重要性,他对于未来技术发展的预判,更多来自自己的亲身经历。他的人生经历恰恰是中国科技发展的一个缩影,从一无所有,到自主研发,从处处受限,到打破垄断。了解倪光南的人生经历,能够帮助我们更好地了解中国信息技术产业过去的历史,以及未来的发展。

本书在介绍倪光南先生的人生经历之外,还整理了一系列倪光南先生关于现代信息技术发展的论述和观点。倪光南先生虽然已年过古稀,但其真知灼见却依然切中时弊,对当前科技发展潮流的判断和分析,以及当前中国信息技术产业发展的主要问题都有独到的见解。对于当前信息技术发展感兴趣的读者,一定不能错过。

前　言

掌握了核心技术，才掌握了自己的命运

去年，中兴通讯遭受美国制裁时，国内还有人辩解说这只是一次偶然事件，不代表美国想遏制中国。但从今年美国极力遏制华为来看，该图谋已经昭然若揭。那些为美国洗地的人，该作何感想？

美国的原则是，世界是自己的，自己才是老大和主宰，决不允许其他国家越雷池一步，谁敢触碰第一把交椅，就要极力打压。

中国这几十年的快速进步，让美国一些政客恐慌不已，他们高喊着"中国威胁论""狼来了"等调调，遏制中国的声调一次高过一次。而这一次，美国不再遮遮掩掩，真正的打压终于来了。

看清了美国的嘴脸后，我们应该做什么呢？首先应该在核心技术上不再受制于人。只有核心技术国产化后，我们才有足够的底气跟美国硬扛，而说到核心技术，芯片和操作系统无疑是核心中的核心。

在这方面，不能不提一个人，就是倪光南院士。他在20世纪80年代末90年代初，就提出国家必须重视芯片和操作系统。他为此奋斗了很多年，也奔走了很多年。

他曾遭到很多人的误解，以至于遭遇挫折后有一些不怀好意者肆意嘲讽

他。正是由于心怀国家,他才能不畏舆论的压力和各种不怀好意的嘲讽,始终不改初心。

站在现在的视角重新审视,他的做法无疑是正确的。在现实面前,那些嘲笑的声音消失得无影无踪了。

梁宁写过一篇文章叫《一段关于国产芯片和操作系统的往事》。有人在这篇文章下面留言:"看得热泪盈眶,唯有希望堂吉诃德式的人物在中国能有生存的土壤。""中国这样的人多了,国家才有希望。"……

现在卡我们脖子的核心技术有光刻机、芯片、操作系统、航空发动机短舱、触觉传感器、真空蒸镀机、手机射频器件、重型燃气轮机、航空钢材、航空设计软件、超精密抛光工艺等几十项,这些技术受制于人,我们随时会被人扼住命运的咽喉。

想取得核心技术突破,需要千千万万像倪光南这样的"堂吉诃德",为了理想和心中的目标,不管遇到什么样的困难,一直前进,永不退缩。

核心技术是国之重器,唯有树立自主创新的理念和信念,敢于攻坚、乐于奉献,我们的科技强国之路才会越走越宽,不再受制于人而能制人。

目　录

第一章　结缘中科院计算所

第一节　战火中萌生的强国梦 / 003

第二节　初入中科院计算所 / 009

第三节　汉字处理难题 / 017

第四节　联想汉字输入法 / 021

第五节　访学加拿大 / 026

第六节　1.99元的"中国制造" / 031

第二章　辉煌从"联想"开始

第一节　"一院两制"的春风 / 039

第二节　"约法三章"加盟计算所公司 / 044

第三节　第一型联想式汉卡 / 049

第四节　"技术宅"的专业精神 / 054

第五节　中关村风云 / 059

第六节　从联想汉卡到联想微机 / 063

第七节　科学家的眼光 / 068

第三章 后"联想"时代的落寞

第一节 发展方向之争 / 075

第二节 "技工贸"的辉煌 / 080

第三节 辉煌落幕时 / 085

第四节 唯一的总工程师 / 089

第五节 中国 IT 行业的"九月风暴" / 093

第四章 方舟时代追梦"中国芯"

第一节 "18 号文"与《扶植高新技术企业的提案》 / 099

第二节 重启"中国芯" / 103

第三节 方舟的"局" / 107

第四节 "方舟 1 号"横空出世 / 111

第五节 "如日中天"的方舟科技 / 114

第六节 方舟梦碎 / 118

第七节 "芯片无市场论" / 122

第五章 执着前行,坚定发声

第一节 对 internet 时代的潮流预测 / 127

第二节 打破 Wintel 的垄断 / 131

第三节 发展自主操作系统的必要性 / 135

第四节 国产操作系统为何难普及 / 139

第五节 软件和芯片是电子信息领域的核心技术 / 142

第六节　发展软件产业是"重中之重" / 145

第七节　政府采购影响中国软件业发展 / 148

第八节　力挺 UOF，反对微软标准 / 151

第九节　XP 系统停止服务是一个"重大的信息安全事件" / 155

第六章　论中国科技的新未来

第一节　中国开源软件需要化解三大难题 / 161

第二节　网络安全的核心是技术安全 / 164

第三节　棱镜门事件的思考：未来的网络要自主可控 / 169

第四节　中兴事件：核心技术之殇 / 172

第五节　用大数据技术重新认识世界 / 175

第六节　云计算改变信息技术格局 / 178

第七节　解读"中国创造" / 182

第八节　区块链面临的机遇与挑战 / 185

第九节　"互联网+"与机器人红利 / 188

后　记 / 193

第一章 结缘中科院计算所

第一章 结缘中科院计算所

第一节 战火中萌生的强国梦

镇海位于浙江省宁波市东北部,它的东面是舟山群岛,西面有宁绍平原,南面是北仑港,北面则是杭州湾。这里不仅有全国闻名的镇海中学,同时还有历史悠久的商帮文化,同时,这里还是"中国院士第一乡"。

截止到2017年底,从镇海区已经走出了30位中国"两院"院士,而倪光南正是这30位院士中的一员。

倪光南出生于1939年,时值艰苦卓绝、烽火连篇的抗战岁月,整个中国都处于战争的旋涡之中。

尚处童年,倪光南不知道战争为什么发生,但却可以感受到战争带来的苦难,而逃难似乎成为了自己跟父母唯一能做的事——这个过程是痛苦的,也是危险的。

倪光南出生在香港,祖籍宁波镇海。

1942年6月,日军进攻香港,倪光南只能随着父母辗转逃难回到上海。

倪光南：大国匠"芯"

在炮火下成长起来的人，总是对那个时代有着刻骨铭心的记忆。对倪光南来说，从小逃难的经历是深刻而难以忘怀的。这些难以磨灭的记忆会潜移默化地影响他：国家积弱，就会被人欺凌。他渐渐明白，一个国家只有富强起来，才不会遭受战争的蹂躏。落后只能挨打，不想办法进步，就要一直挨打。

抗日战争结束之后，倪光南告别了自己颠沛流离的生活，开始进入钱江小学读书。在同一时期，大洋彼岸已经开始了计算机时代。冯·诺依曼第一次提出了建立在二进制基础上的现代存储程序计算机概念。在1944年到1945年之间，冯·诺依曼创造了现在使用的将一组数学过程转变为计算机指令语言的基本方法。

到了1946年，世界上第一台电子数字积分计算器诞生。随后，1948年，晶体管的发明大大促进了计算机的发展，电子设备的体积开始不断缩小。1952年，第一台大型计算机系统IBM701问世。1964年，第一个采用集成电路的通用电子计算机系统IBM360系统诞生。直到1981年个人计算机诞生，可以说，倪光南成长的时代正是计算机飞速发展的时代，但倪光南最初接触到的却不是计算机。

刚刚进入钱江小学读书的倪光南并不知道当时世界上发生了什么，由于性格内向，倪光南总是给人一种沉默寡言的印象。除了学习，倪光南还喜欢背诵《唐诗三百首》，目的是为了锻炼自己的记忆能力。他说："我并没有文学细胞，只是喜欢而已。我背诗的另一个目的是锻炼记忆力，因为我看到有些书上是这么说的，不论是否有充分的根据，多动脑筋总是有益的吧！"

小学毕业之后，倪光南进入复兴中学学习，在这里他学到了很多治学和做人的道理。更为重要的是，从小喜欢动手的他，在中学期间学习了很多手工制作，这对于日后他从事工程实践产生了很大的帮助。

描述到这一方面的内容，倪光南说："我们那时候不像现在的学生有这么重的负担，我们有一些课余活动小组，有做航空模型，有做小电机，做收音机，这样锻炼了动手能力。我是做工程的，动手能力挺重要。"

倪光南后来之所以能够与计算机结缘，也与这些课余活动有着不小的关系。倪光南很喜欢动手实践，经常会自己组装矿石收音机。矿石收音机是指用天线、地线、基本调谐回路和矿石来制作检波器而组成的没有放大电路的无源收音机。这是一种最为简单的无线电接收装置，但在当时，这也算是一个稀罕物件了。

最初，倪光南所组装的多是单管收音机，在玩腻了单管之后，开始尝试组装2管机、3管机。到了高中，倪光南依然没有放弃这项爱好，而这时，他组装的矿石收音机已经达到了7管，这在当时已经算是非常高级的收音机了。

倪光南之所以喜欢组装这种矿石收音机，主要是因为这个动手的过程，能够让自己的大脑得到锻炼。事实上，正是这个动手的过程，让倪光南对无线电产生了浓厚的兴趣，随着对无线电的兴趣与日俱增，倪光南最终决定报考"南京工学院无线电系"。

在当时中国的大学中，工科院校最好的就是南京工学院，而无线电系又是南京工学院中最热门的系。可以看出，在学习方面，倪光南对自己是很有信心的。最终，凭借着优异的成绩，倪光南得偿所愿进入南京工学院。

从1956年秋天开始，倪光南便进入了南京工学院学习。南京工学院是现

倪光南：大国匠"芯"

在东南大学的前身，在1952年进行全国院系调整时，以原南京大学工学院为主体，又并入了复旦大学、交通大学、浙江大学和金陵大学等学校的有关系科，在当时中央大学本部的原址上建立了南京工学院。倪光南所就读的，就是调整重建之后的南京工学院。

同样在1956年，同样是临近秋天，中国科学院计算技术研究所成立，这也标志着中国早期的计算机事业拉开了帷幕。作为中国第一个专门从事计算机学科技术综合性研究的学术机构，中科院计算所研制成功了我国第一台通用数字电子计算机，并形成了我国高性能计算机的研发基地，我国首枚通用CPU芯片也诞生在这里。中科院计算所的主要研究方向非常广泛，迄今为止，它已经在信息处理、信息检索、网络安全、大数据处理、智能技术研究、生物信息计算和虚拟现实技术等方面展开了研究。

中科院计算所是我国计算机事业的摇篮。伴随着计算所的发生发展，先后为国家培养了几百名我国最早的计算技术专业人员，在这里工作或学习过的院士有二十余位。随着学科与技术发展，从计算所陆续分离出中科院微电子学研究所、计算中心、软件所和网络中心等多个研究机构，以及联想、曙光等高技术企业。六十多年来，计算所在科学研究和科技成果等方面取得了显著成就。截至2018年底，计算所获得国家、院、市、部级科技奖励227项，其中，国家级科技奖励50项（含非第一完成单位13项），院、市、部级科技奖励178项（含非第一完成单位16项）。

倪光南与中科院计算所的缘分似乎是命中注定的一样。但实际上，倪光南之所以能够从南京工学院进入中科院计算技术研究所，很大原因还在于他自己的刻苦努力。

倪光南在南京工学院度过了5年的求学时光，对于倪光南来说，这5年是充实而高效的。他学习了无线电发送接收技术、放大整流技术、脉冲技术、微波技术，同时还接触到了许多此前从未见过、听过的陌生领域的知识。

对于在南京工学院学习的时光，倪光南说道："对我来说，这好比是面对一座丰富的宝藏，在勘探和开垦的过程中，充满了无穷的乐趣。"

在大学阶段，倪光南最喜欢的就是上实验课，几乎每一次实验他都是最快完成的学生。对于这一点，倪光南略带调侃地说道："因为我那时上课完全看不清黑板，只能靠动手了。"

倪光南的视力确实存在一点儿问题，早在初中时，他的视力就降到了0.4，但即使到了大学他都不肯配戴眼镜。他将此解释为是受到了米丘林理论的影响，认为只要长时间坚持，自己的眼睛也能够适应环境。

米丘林是苏联著名植物育种学家和农学家，苏联科学院荣誉会员，米丘林学说的奠基人，他发现了植物幼体对生活条件具有很强的适应能力。为此，他将一些正在苏联南方才能生长的果树进行耐寒性驯化，最终培养出了可以在北方生长的果树新品种。

倪光南似乎将自己看作米丘林的果树，认为自己也能够通过适应环境摆脱近视问题。为此，倪光南即使在冬天也会故意少穿一些衣服，将其作为磨炼意志的方法。

倪光南大学时期的刻苦学习为他以后的工作打下了坚实的基础。如果当时没有选择无线电专业，倪光南可能就要与计算机研究失之交臂。不得不说，在这方面倪光南是幸运的。从无线电到计算机，隔行如隔山，倪光南最初并不适应。在1958年南京工学院成立计算机系的时候，整个系里没有一个学生见过计算机，学生们只能进行理论学习。

没有见过计算机的倪光南想象了许多不同的场景。他曾认为有了计算机，就能够自动将外语翻译过来，这样大家不必再学外语了。当时的计算机在中国并不常见，大多数人只是听过，很少有人见过，所以很容易将其想象得无所不能。

倪光南也是一样，将计算机看作无所不能的物件。随着自身知识水平的增长，以及中国计算机行业的发展，倪光南逐渐认识到了当时计算机的局限，同时也认识到了中国计算机水平的局限。这也更加坚定了他想要进入这一行业的决心。

第一章　结缘中科院计算所

第二节　初入中科院计算所

1961年是一个平年。辛丑年，也就是牛年。

4月12日，苏联宇航员尤里·加加林成为世界上第一个太空人。

6月17日，中国女子登山运动员西绕（藏族）和潘多（藏族）登上新疆境内海拔7595米的公格尔九别峰顶峰，打破了女子登山高度的世界纪录。

夏天，中科院计算所来了位年轻人，他的名字叫倪光南。

当时，倪光南以全5分的成绩从南京工学院（现东南大学）无线电系毕业，被分配到中科院计算所研制外围设备的第六研究室输入组工作。最初，倪光南参加了我国自行研制第一台大型电子管计算机（吴几康领导的119机）的工作，倪光南担任外围设备的值班长，负责调机。后来担任插件（线路）组长，负责设计和改进线路。1964年4月，119机研制成功，倪光南被评为计算所先进工作者和中科院北京地区先进工作者。这时，他已成为所里小有名声的"业务尖子"。此后，倪光南主要从事新输入技术的研究。

倪光南：大国匠"芯"

当时计算技术研究所大多数是与倪光南年龄相仿的年轻人，7个人被安排在一个宿舍中。刚刚离开大学校园的年轻人，充满了蓬勃的朝气和力量。对于当时的工作环境，倪光南说："大家工作热情都很高，工作完了就回宿舍睡觉，睡醒了就接着工作，时间好像都不存在了，每天都过得很充实。"

这种充实更多是因为这些年轻人对当时的工作充满兴趣。那时中国的计算机事业刚刚起步，一切都是未知，一切都是创新。这些年轻人与其说是在工作，不如说是在为国家探索一个新的行业、新的领域。

在此期间，倪光南结识并与六室党支部书记兼主任王中田成为知己。

王中田是一位1945年参加革命的老干部，他与一般党政干部的最大不同是对技术有强烈的兴趣，他常说，"我们当领导的，即使不会演戏，至少也要能听戏"。为此，这个"提着裤腰带闹革命"的党政干部，变成勤奋学生，业余时间几乎都用来学习技术，他的"老师"就是倪光南。从与王中田的接触中，倪光南学到了许多优秀品质，特别是王中田不计个人得失、坚持真理的精神给了倪光南很大的教育，两个人常常在实验室里研讨技术直到深夜。

当时，计算机输入手段十分落后，计算所的几台计算机都采用穿孔纸带输入，严重地妨碍了计算机的应用。

王中田希望倪光南研究计算机新输入技术，倪光南欣然从命。从那时起，倪光南就步入研制新输入技术之漫长历程。倪光南认为，要改进计算机输入技术，应该依靠计算机本身。于是，他逐渐形成了自己的研究目标，一是用计算机辅助汉字输入，二是用计算机识别文字；前者发展为联想式汉字输入方法，后者发展为手写文字识别机。

第一章　结缘中科院计算所

以下，是倪光南院士写的一篇回忆王中田的文章：

我的良师益友

——记中科院计算所原六室主任王中田同志

1961年夏天，我从南京工学院（现东南大学）无线电系毕业，进入中科院计算所，被分到研制外围设备的第六研究室输入组，很快就和室党支部书记兼主任王中田成了好朋友。

王中田是一个老干部，1945年参加革命，曾任山西晋中地委副秘书长兼办公室主任，1960年10月调入中科院计算所工作，他带领六室科技人员为计算所自行设计的119机、109乙机、109丙机、013机等大型计算机研制了外部设备。

王主任与一般党政干部的最大不同是他对技术有强烈的兴趣，他不满足于做一般的党政领导，而要求自己能了解技术，他常说，"我们当领导的，即使不会演戏，至少也要能听戏"。为了在我国计算机的最高学府能够"听戏"，这个具有超前意识的党政干部老黄牛，变成了一个勤奋的学生。业余时间，王主任几乎都用来学习技术，他不耻下问，虚心向科技人员请教各种技术问题。可能是因为我回答问题比较耐心的缘故吧，王主任和我在一起讨论问题的时间最多。实际上不只是王主任从我这里学技术，我也从与王主任的接触中学到了他的许多优秀品质，特别是王主任不计个人得失，坚持真理的精神给了我很大的教育。我们两个人,一个是党政干部,一个是科技人员,常常在实验室里研讨技术,谈古论今,直到深夜。

2000年7月,王主任不幸去世,当时我和六室老同志们聚在一起,含泪回忆王主任的生平,我们一起商议后,在王主任的悼词中加了这样一段话来寄托我们的哀思:"王中田同志作为一个党政干部,不仅认真学习马列主义、毛泽东思想和党的方针、政策,还以甘当小学生的精神,孜孜不倦地学习现代科学技术,为广大科技人员树立了榜样,同时也提高了自己的领导水平。他这样做在今天看来似乎不足为奇,但在当时需要有极大的勇气,甚至要冒一定的风险。但王中田同志不计个人得失,坚持真理、崇尚科学,坚持'学习、学习、再学习'的正确方向,他的这种大无畏精神值得我们每个同志学习。"

如果是在今天,一个干部像王主任那样,如痴如醉地学习科学技术,肯定会受到人们的尊敬,但在上世纪六十年代,王主任这样做却遭到了许多非难和指责,甚至被扣上"只专不红""业务挂帅"等帽子,在"文化大革命"中被揪出来挂上"修正主义分子"的牌子遭到批斗。后来,王主任因工作调动离开了六室,六室的科技人员一直都很想念他。

在王中田当六室主任期间,他就有远见地希望我研究新的汉字输入技术,给了我很大的科研自由度。这样,从上世纪六十年代起,我就开始了研制计算机新的汉字输入技术的漫长历程。我认为,要改进汉字输入,应该充分发挥计算机的智能,从而产生了利用"联想"功能辅助汉字输入的设想。1974年我在计算所阶梯教室做了一个关于联想汉字输入方法的报告,后来,这一创意发展成为联想汉字信息处理成果。1984年底我们研究所创办了计算所公司实施所内成果转化，这一成果就转化为联想式汉字系统拳头产品，计算所公司即以此起家并在1989年改名为联想集团。我想，如果王主任泉下有知，他一定会为此感到欣慰。

1956年，中国制定了12年科学远景规划，将开创计算技术事业作为四大紧急措施之一。中国科学院计算技术研究所就是在这一背景下成立起来的。当时中国科学院成立了计算技术研究所筹备委员会，面向全国招募优秀人才，同时依靠从苏联获得的技术图纸和苏联援建的电子管工厂来设计并生产中国自己的计算机。

1958年和1959年，中国分别研制成功了103计算机和104计算机，这让中国计算机完成了从无到有的跨越。由于是仿制的苏联先进的计算机，所以当时的103计算机和104计算机在技术水平上仅次于美国和苏联。

到了1960年，107计算机研发成功，这是一台小型的串联通用电子管数字计算机，也是中国第一台自主设计的计算机。

107计算机的诞生标志着中国的计算机制造完成了从模仿到自主设计的跨越。

在107计算机之后，由于一些历史方面的原因，中国无法再从苏联获得援助，同时，西方国家也对中国进行了严格的技术封锁。这就使得中国只能依靠自主设计、自主生产来开发自己的计算机。

在当时，中国自主研发计算机首先需要迈过晶体管研发这道坎。在20世纪60年代初，晶体管制造技术对于中国来说几乎是一项不可能完成的挑战，

倪光南：大国匠"芯"

西方国家和苏联也认为中国没有办法掌握这项技术，认为只要能够在这项技术上钳制中国，中国的计算机就无法获得突破。

为了能够攻克这项技术，中国人民解放军军事工程学院四系404教研室的康鹏进行了大量的实验研究。最终，他成功研发出了"隔离-阻塞振荡器"，也就是后来所说的"康鹏电路"。"康鹏电路"的问世解决了晶体管制造的难题，中国也开始进入晶体管时代。

在解决了晶体管制造难题之后，1964年，中国成功研发出第一台全晶体管计算机441B-I。这一计算机的问世只比美国第一台全晶体管计算机RCA501晚了6年。同样在1964年，119计算机研发成功，这台计算机的运算能力为每秒5万次，稍强于美国在1958年制造的IBM709计算机。倪光南当时所参与研发的就是这台计算机。

在当时的中国，计算机属于一种新学科，一直到1963年中国才出现计算机专业的毕业生。所以与倪光南同时代的人大多都是"改行"过来的，他们有的是学习电机的，有的是学习无线电的，还有的是学习数学的。这些人当时为了掌握计算机技能，主要是靠自学。

在刚刚进入计算所时，倪光南就表现出了强烈的学习欲望。当时，在119计算机的控制台上，密密麻麻地分布着几百个氖灯和部件，倪光南凭借自己过硬的记忆力，就记住了它们的位置和功能。

当时的倪光南仍然没有佩戴眼镜，他依然相信"米丘林理论"。直到一次在与同事一同看电视时闹出了笑话，倪光南才放弃了自己的坚持。对于当时的情景，倪光南这样形容："有一次新闻里播一场体操比赛，同事问我，这是男运动员还是女运动员，我反正也看不清，就胡乱猜了个'男的'，结果好一阵哄笑……"

紧接着第二天，倪光南就去配了眼镜。他抛弃了"米丘林理论"，并说道："我忽然明白人是要尊重客观规律的，有些事是不以人的意志为转移的。"看上去这并不是一件多么重大的事情，但对于倪光南来说，从中悟出的这个道理，却值得他牢记一生。

在119计算机研发成功之前，世界上能够研发巨型机的国家只有美国、苏联、英国和法国等几个大国。在119计算机问世之后，中国的计算机研发水平也进入了世界先进行列。

在119计算机研发过程中，倪光南凭借优秀的表现被评选为计算所先进工作者和中科院北京地区先进工作者。

在谈到119计算机时，倪光南总是如数家珍。他说："当时119计算机的内存是2.4万颗小磁芯，每颗小磁芯都要人工穿上四根线才能用，猜猜它的内存容量是多少？只有24K，现在的一个U盘，容量就是它的几万倍。当时119计算机的速度是5万次，而现在家用电脑的速度则是10亿次……"

每次谈到这里，倪光南都会感叹计算机事业发展的速度如此之快，快到令人难以想象。所以在计算机行业中，永远都有事情可做。每一个身处其中的人都会面对巨大的压力，如果跟不上计算机行业的发展速度，就没有办法看到这个领域的潮流是什么。如果不跟着潮流进行学习，一两年之后，原有的知识也就毫无用处了。

"不断学习"也成为了倪光南的人生信条，即使过了几十年，倪光南依然走在计算机行业的前列。他总是有一种危机感，只要还在这个行业之中，就不能让自己掉队。正是这种危机感在推动他不断向前，不断进步。

计算机行业的发展速度确实快得惊人，这一领域的潮流也在瞬息万变。在大洋彼岸，集成电路已经闪亮登场，成为了计算机行业的重要技术。

当时中国研发的119计算机虽然在运算速度上已经达到了世界领先水平，但仍然采用的是电子管。随着晶体管的问世，这种电子管开始逐渐失去了优势。晶体管的出现让计算机开始向小型化转变，计算机也开始从纯计算转向了其他领域的研究。

在这股潮流的推动下，汉字信息处理成为中国计算机行业的一个新的难题。

第三节　汉字处理难题

现在人们在使用电脑时，只要通过敲击键盘上的26个字母，就能够顺利拼写出汉字。但在计算机刚刚进入中国之前，想要让计算机显示汉字，却并不是一件容易的事情。

让计算机进行汉字处理在当时是一件难事。首先，想要让计算机处理汉字，就一定要让计算机能够显示汉字，还要让计算机知道人们想输入的汉字是什么。如果是英文，直接按照字母输入就可以了，计算机很容易识别这些拼音文字。汉字作为一种表意文字，很难创造出一种简单明了的方法来让计算机理解。

在20世纪六七十年代，计算机和汉字之间存在着一条鸿沟。当时的计算机并不能处理汉字，这就严重影响了中国计算机事业的发展。如果中国人在计算机上都使用拼音文字，那汉字就将逐渐退出历史舞台。

汉字是中华文化的根，如果没有汉字，中华文化就无法得到传承。汉字

倪光南：大国匠"芯"

诞生之后，曾在世界文化中独领风骚。但当机械打字机出现之后，西方拼音文字的地位得到极大提升，汉字在打字方面的缺点便开始显现出来。

随着计算机的出现，拼音文字的地位又一次得到提升。汉字打字困难的缺点再一次暴露出来。一些西方人开始认为方块汉字是世界上最古老、最繁难、最笨重的一种文字工具。在计算机时代，汉字似乎已经走到了尽头。

20世纪80年代初，IBM公司曾耗资6500万美元进行中文电脑化的研究。IBM公司的研发实力加上充足的资金支持，原以为中文电脑化将会很容易成为现实，但没想到IBM公司并没有完成中文电脑化的研究。

IBM公司着急进行中文电脑化的研发，是为了抢占中国的计算机市场，但显然经济利益的驱使并没有让他们取得成功。相反，在中国，一些人同样在进行中文电脑化、汉字现代化的研究，他们所追求的并不是经济方面的利益，而是为了让更多中国人能够方便地使用电脑、更好地利用电脑这一高科技工具。

倪光南就是这些人中的一个。在研制完119型计算机之后，倪光南被安排进入了六室，主要攻克汉字输入系统的研究。在六室工作期间，结识了室主任王中田，倪光南经常和他一同探讨技术方面的问题。

在当时，倪光南的理想是让计算机和人能够更方便地交流。要么是让汉字能够更方便地输入到计算机之中，要么就是让计算机能够学会认识汉字。也正是由于这样的原因，他才会选择去研究输入技术。

1974年10月，国家计委批准了由国防科工委、中国科学院和四机部联合提出的"关于研制汉字信息处理系统工程"的建议。这一工程主要包括键盘输入、中央处理及编辑、校正装置、精密型文字发生器和输出照排装置、通用型快速输出印字装置远距离传输设备、编辑及找资料管理等软件系统、印刷制版成形等7个部分的内容。

"汉字信息处理系统工程"已经被列入国家重点科技攻关项目之中,研究汉字信息处理技术也成为了当时中国计算机行业的头等大事。

在70年代,倪光南在计算所主攻的研究方向有两个,一个是汉字信息处理,一个是模式识别。

在汉字信息处理方面,倪光南、竺乃刚、万永熙等人为了解决人机交互问题,从1968年开始,先是在"717计算机"上研制出了能够显示256个汉字的显示器,随后又研发出了"SK-1光笔图形显示器",能够显示出不同字形的汉字,而光笔则成为了人机交互的重要手段。

在当时,汉字输入的主要方式就是利用光笔进行输入。光笔输入需要在一个特殊的大键盘上进行,几千个汉字纵横排列在这个大键盘上,想要输入汉字,就要用光笔选到需要的汉字。每一个字都需要这样选择,其他输入方法虽然在具体操作上与光笔输入有所不同,但也同样非常烦琐,需要操作者记忆大量的输入规则。

倪光南想要让汉字输入变得简单,彻底解决汉字输入复杂烦琐的问题。但当时想要更好地解决这个问题只有两条路可以选择:一是创造一种"规则",也就是对汉字进行编码,然后再通过汉字编码来进行输入。二是让计算机能够直接识别出手写的汉字。这是两个并不相同的研究方向,但究竟哪种方法能够更好地解决计算机的汉字输入问题,谁也不能给出一个准确的答案。

倪光南：大国匠"芯"

为了能够更好地解决汉字输入的问题，倪光南决定从两个方向同时努力。为此，他承担了两个项目的研究："手写文字识别机"和"111汉字信息试验系统"。

想要进行这两个项目的研究，都需要用到计算所的111型计算机。在当时111机是计算所的"抢手货"，基本上全国大多数重点、尖端的科研项目都会用它来进行大量运算任务。为了能够多用几个小时机器，倪光南和同事们总是在深夜的时候预订机器，这样在晚上就不会有人来"抢机器"了。

经过多次反复试验，倪光南和同事们成功研制出了"手写文字识别机"和"111汉字信息实验系统"。其中，"手写文字识别机"能够识别出手写的60多种字母和数字，这是中国最早的文字识别机之一，而"111汉字信息实验系统"则推动了汉字输入、输出、显示和人机交互等多种汉字技术的发展。

倪光南和同事们研发的这两个项目，1979年同时获得了中国科学院科技成果二等奖。在汉字输入上，倪光南已经取得了很大的成绩。但对于他来说，汉字输入的烦琐性问题依然没有得到彻底解决。

"有没有一种方法能够让人们将文字更好更快地输入计算机中呢？"伴随着这种思考，倪光南创造了"联想式汉字输入法"，这种输入方法的问世，让汉字输入的效率得到了极大提高。

第四节　联想汉字输入法

从20世纪60年代开始，中国的一些技术专家和高校学者便开始对汉字信息处理技术进行研究。倪光南和中科院计算所的同事们就是其中的一支重要研究力量。

最初对汉字信息处理的研究更多局限在"汉字编码"上，这是一种为汉字设计的便于输入的计算机代码。一个完整的汉字信息处理系统主要包括编码、输入、存储、编辑、输出和传输等环节，其中编码是最为关键的环节，不解决这个问题，就无法让汉字进入计算机之中。

在当时，想要完成"汉字编码"并不容易。

首先，由于汉字的总数量比较多，即使只对3000或4000个常用汉字进行编码，仍比处理由20多个字母组成的拼音文字要难。

其次，汉字的字形很复杂，既有古体今体，又有繁体简体。而且汉字笔画也相差悬殊，多的有36笔，少的只有1笔。

最后，汉字中存在着大量一字多音和一音多字的现象。汉语音节一共有416个，区分声调之后有1295个。如果按照1万个汉字来计算，每个不带音调的音节就会平均有24个汉字，而每个带调的音节也有7.7个汉字，有一些同音同调的汉字甚至多达66个。这些都为汉字编码造成了不小的困难。

也正是这些原因，当时几乎所有的"汉字编码"都是单纯的人工编码。也就是用汉字的字形和发音来作为编码的基本元素，将一个汉字用一些基本的元素来进行组合表示，一般来说，这些基本元素只有几十个，所以可以用一个普通的西文键盘来输入汉字。

看上去，"汉字编码"能够解决汉字输入的问题，但实际上，在使用"汉字编码"时，编码者需要记忆大量规则，这就为汉字输入带来了很大负担，这也决定了"汉字编码"无法成为最便捷的汉字输入方法。

在倪光南看来，想要让汉字输入变得简单便捷，就要充分利用计算机自身的处理能力，让计算机来辅助人们进行汉字输入。倪光南将这种方法比喻成人类的联想能力，这种方法就是经常被提到的"联想式汉字输入法"。

这种想法看上去很好，但当时的计算机还不能处理文字，所以也就无法实现这种"联想"的功能。想要让联想输入法成为现实，首先要让计算机能够显示汉字，然后还要让计算机知道人们所选择的究竟是哪个汉字。

为此，倪光南积极参与了当时计算所显示组进行的汉字显示技术的研究工作。

计算所六室显示组研制的最早的汉字显示器被安装在卫星监测用的717机上。此后，显示组又研发出了"111机"的汉字显示器。在"111机"上的汉字显示器,已经能够用键盘来进行人机交互了。但为了更好地实现人机交互功能,显示组又为另一台显示器增加了一种人机交互手段,也就是前面曾提到的"光笔"。

虽然当时的光笔比较大、比较重,使用起来也不方便,但至少这已经算是实现联想式汉字输入法最为理想的一种手段了。为了更好地用光笔进行输入,倪光南在"111机"上专门为联想式汉字输入方法设计了带有光笔的汉字显示器。随后,还对这一显示器进行了一些小的改进。

以前的光笔主要是用手来控制开关的,当光笔指点了屏幕上的图形和文字之后,还需要用手指再按一下笔上的触及点,才能进行选择。倪光南在光笔的头上加了一个微动开关,这样一来,只要用光笔指点到屏幕上的汉字,轻轻一压,开关就会被启动,汉字就被选择了。这一微小的改动让光笔输入变得更加方便,同时也为联想式汉字输入法的实现做好了准备工作。

到了1974年,"748工程"会议召开,"748工程"就是前面提到的"汉字信息处理系统工程"。这一工程开启了中国印刷技术的第二次革命,也让中国正式告别了铅火印刷的时代。也正是在这一工程中,汉字与计算机之间的鸿沟被逐渐抹平,计算机的文化进程也逐步加快。

倪光南是计算所参加"748工程"会议的唯一代表,并向当时的负责专家介绍了自己的汉字处理研究。到了1975年,计算所六室输入组正式开始了对汉字信息处理课题的研究。倪光南曾在计算所的阶梯教室进行过学术报告,介绍自己的联想式汉字输入法。

倪光南的"联想式汉字输入法"主要利用上下文的关联性,让计算机来辅助汉字输入。在汇报时，倪光南在黑板上画出了联想式输入方法的示意图，并表示当使用者输入一个汉字之后，计算机会在汉字显示器上面提供许多关联词，这些关联词可以由一个也可以由多个汉字组成。随后，使用者可以使用光笔或者键盘来选取某一个关联词，这样就能够方便地输入汉字了。

虽然倪光南很早便提出了联想式汉字输入的方法，但最终落地整个过程历经了近10年时间。在这些年中，除了提出联想式汉字输入方法外，倪光南用了不少时间去研制人机交互汉字显示技术。

这也就是前面提到的"111汉字信息试验系统"和"手写文字识别机"。倪光南将这两个项目放在一起进行研究，共享技术和设备。

当时，"手写文字识别机"的硬件设备基本上包含了"111汉字信息处理实验系统"的硬件设备。"手写文字识别机"主要包括"自适应飞点扫描器"和"文字识别监视器"等硬件，而"111汉字信息处理实验系统"的主要硬件则是人机交互汉字显示器。

这样，当"111汉字信息处理实验系统"在工作时可以用来显示和输入汉字，而当"手写文字识别机"在工作时，则可以作为文字识别监视器和修订手段。这两个设备可以共用控制器，这样一来，两项研究不仅可以节省设备，同时还能够缩短研制周期。

整个项目可以分为9个部分，即控制器研制、设备接口研制、机械设计研制、人机交互汉字显示器研制、汉字系统软件研制、对话输入法词典和联想词典编制、汉字打印机研制、飞点扫描器研制、识别机软件研制。

当时111机的人机交互汉字显示器的控制器逻辑基本上是"SK-1光笔图形

显示器"控制器逻辑的移植，只是将"三维坐标变换器"简化成了"二维坐标变换器"，同时还修改了其与主机的接口。

在这9个部分工作中，倪光南参与了其中6个部分的工作，同时他还主持了全部硬件、软件的研制和上机实验。

倪光南最初提出的联想式汉字输入法采用的是"从字到词"的方式，就是输入一个汉字，然后计算机会提供一组联想词，供使用者去选择。比如输入"中"字后，后面会出现"国、文、心、华"等联想字，同时还会出现"华民族、华人民共和国、心思想"等联想词。

在这种情况下，选择一次就可以输入多个汉字组成的词，比如通过输入"中"，选择最后一项就可以再输入"华人民共和国"。这种联想是单词的，也就是从一个汉字到一个词，然后再输入一个汉字，再联想到一个词。

但如果按照这样的构想来进行，联想式汉字输入法就会占用较多存储空间。因此在后续研究中，倪光南和同事们又进一步完善了联想式汉字输入法。

第五节　访学加拿大

在研发"111汉字信息处理实验系统"过程中，竺乃刚负责编制联想词典。为了节约联想词典的存储空间，他提出了使用"从字到字"的方式进行联想输入，也就是在输入一个汉字之后，由计算机提供一组联想字让人选择，这样联想字会形成一个链，从而达到"从字到词"的效果。

倪光南接受了竺乃刚的建议，用软件控制开关，这样就可以在这种"从字到字"的联想方式和之前单次的"从字到词"的联想方式之间自由切换。

相较于"从字到词"的联想方式，"从字到字"的联想方式需要在输入一个词的时候进行多次选择。这样一来，就会降低联想字的命中率，所以说这种方式还有很大的改进空间。

随后，在开发联想式汉卡时，倪光南进一步完善了联想式汉字输入法。他创造了一种"从词到词"的联想方式，即根据已经输入的"词"，由计算机提供一组联想词，供使用者选择。其中，联想词会根据已输入词的长度被称为"联想相关长度",这个长度越长,联想词的命中率也就越高。

到联想式汉卡V2.X软件系统时,"联想相关长度"已经发展为1到4,也就是计算机能够根据前面已经输入的1到4个汉字,来为使用者提供联想词。

举例来说:

当"联想相关长度"为1时,输入"中"字,计算机会给出"国、华、央、文"等联想字。

当"联想相关长度"为2时,输入"中国"这个词,计算机会给出"人民、公民、制造、政府"等联想词。

当"联想相关长度"为3时,输入"中国人"后,计算机会给出"口、民、文"等联想字。

当"联想相关长度"为4时,输入"中国人民"后,计算机会给出"银行、解放军、政府"等联想词。

很显然,按照这种输入方式,不仅联想词的命中率会很高,整体输入效率也会得到提升。发展到这里,联想式汉字输入法才算最终成形。

除了用联想式汉字输入法进行汉字输入外,倪光南在联想式汉卡V2.X软件系统中,还利用联想功能来减少输入中的重码。

汉字一音多字的情况十分普遍,拼音输入法虽然规则上比较简单,但重码情况也比较多。比如"yi"的同音字就超过100个。这样在这么多重码字中找到自己需要的那个字,就会消耗很长的时间,从而降低输入效率。

为了解决这一问题,倪光南在联想式汉卡V2.X软件系统中加上了"允许利用联想功能减少重码"这一选项。在选择这一项之后,重码字就会被筛

倪光南：大国匠"芯"

选，属于联想字的那些字就会排列在前面，方便人们选择。这与现在常见的智能拼音输入法十分类似。

在开发联想式汉字输入法过程中，访学加拿大为倪光南留下了深刻的印象，在加拿大的所见所闻所学也让倪光南在联想式汉字输入法的研发之路上更进了一步。

1980年，加拿大国家研究院的一位副院长来到中科院计算所访问。当时六室的万永熙负责接待工作，他把副院长引领到倪光南那里，让倪光南为其演示了"111汉字信息处理实验系统"和"手写文字识别机"。

倪光南的英文水平不太高，所以只能用并不流利的英语来和这位副院长进行交流。在交流过程中，倪光南深得这位副院长的赏识。在访问结束后，这位副院长邀请倪光南前往加拿大从事研究工作。

倪光南很清楚，想要追赶上西方计算机研究的步伐，就要努力学习别人的先进技术，而出国访学不仅能够接触到许多先进的计算机设备，同时还能第一时间接触到国外的先进技术。对于开阔自己眼界、提升技术水平有着重要的帮助，为此，倪光南欣然接受了对方的邀请。

1981年，倪光南应邀前往加拿大国家研究院工作，成为了那里的访问研究员。倪光南的工作年薪是4.3万加元，如果按照官方汇率来计算，当时倪光南在加拿大的工资水平相当于国内的70倍，而这一工资水平在加拿大国内，也属于5%的高收入群体的水平。

在第一个月发工资时，倪光南将其中三分之一的钱寄回了家中。当时国内工资只有几十元一个月，而倪光南一次就寄回了上千元的"巨款"。倪光

第一章　结缘中科院计算所

南的爱人在单位开好介绍信之类的证明文件，在单位领导陪同下去邮局领取这笔"巨款"。

倪光南在加拿大访问期间，不仅工资收入丰厚，工作环境也要比国内好很多。当时倪光南作为加拿大国家研究院的访问研究员，主要从事计算机图形学研究，这是从此前"手写文字识别机"延伸而来的一项研究。在加拿大国家研究院，倪光南第一次感觉到了计算机科学的发展潮流。

当时在研究院中，每一位研究员都有一台小型机。这些小型机在运行速度上与国内的机器相差并不多，但这里的机器却有完整的操作系统和大量的应用软件。无论是文件处理还是日常研究，都可以在这些计算机上进行。

亲眼见到这样的情境，倪光南说道："那时第一次感受到计算机必将会作为一个工具为各行各业提供服务。而国内计算机还主要用于重大项目的运算，对于软件的开发和应用非常有限。"确实，国内计算机行业由于起步较晚，在当时，普及范围并不广泛，更多只是用于一些重要实验项目的运算，在软件应用和开发方面涉及得并不多。

倪光南开始利用在加拿大工作的机会努力研究相关技术，同时还经常与同事们聊天，了解国外各个高科技公司的运作方法。在这个过程中，倪光南又得到了一种新的认识。他说："我开始了解到，科技成果只有和市场联系起来，才能实现良性循环，才能真正被更多人使用，这是我对科技成果产业化最初的认识。"

也正是出于这种认识，倪光南才会有后来将"联想汉卡"推向市场创造了联想集团最为辉煌的时刻。当然，这是后话。

倪光南：大国匠"芯"

在两年访问期结束之后，加拿大国家研究院非常满意倪光南的工作，希望他能够留在这里继续工作。但倪光南婉拒了对方的邀请，并对研究院的部门负责人说："我一直在研究的汉字信息处理系统，既然是汉字，怎么能离开它的母国呢？在原来的研究基础上，加上在加拿大获得的新技术，我对它的发展前景十分看好。"

其实，倪光南对自己在加拿大的工作也十分满意，他认为这里还有很多技术和知识需要去学习。但在加拿大发生的一件事情改变了倪光南的想法，让他下定决心要离开加拿大，回到自己的祖国。

第一章　结缘中科院计算所

第六节　1.99元的"中国制造"

1981年底，倪光南刚刚开始自己在加拿大的工作。一个晴朗的周末，他独自骑着自行车在市区闲逛，不远处的一家鞋店吸引了他的目光。在鞋店的橱窗中摆放着各式各样的精美皮鞋，可以看得出这些皮鞋来自英国、美国、意大利等不同国家。

正当倪光南驻足观看时，他发现在鞋店门口的几个筐子里面摆放着一大堆布鞋，上面标示着"1.99加元一双任选"的字样。看到如此便宜的价格，倪光南觉得有些不可思议，就走到筐子边挑选起来。谁想到，拿起来一看，这些鞋子的底部都印着"MADE IN CHINA"的字样。

拿着鞋子的倪光南一下子有些恍惚，看着自己手中中国制造的1.99元的布鞋，又看了看橱窗中精美的外国皮鞋，这让倪光南百感交集，在这里，"中国制造"似乎成为了简陋、低级的代名词。但在倪光南心中，当时的中国只是在发展上慢了一步而已，"中国制造"不会永远跟"简陋和低级"联

倪光南：大国匠"芯"

系在一起。

此后在加拿大，倪光南又看到了许多中国制造的产品，这些产品不是轻工产品就是农产品。而且很多时候，这些产品都是最低档次的，高科技产品基本没有。

也正是因为这些经历，倪光南才在访问期满之后拒绝了加拿大国家研究院的挽留。倪光南所放弃的不仅是对方的挽留，同时还有高额的年薪以及继续提升的机会。当有人询问倪光南选择回国的得失时，他说道："我想有一点是肯定的，如果我不回来，之后我所做的一切工作，将不会对'中国制造'有新的帮助。"

在加拿大两年，倪光南不仅学到了最新的微处理器技术和C语言，还开阔了自己的眼界。从加拿大回来之后，倪光南认识到中国的计算机也会大面积地普及。这就说明计算机并不仅仅是一个学术上的东西，所以必须要将其拿到市场之中去应用才行。

倪光南在加拿大认识到计算机会逐步普及，研发具有市场价值的产品才能将高科技的"中国制造"品卖到国外去。此前倪光南所研究的正是汉字信息处理技术，现在只不过用从加拿大学习来的新技术进一步加深研究而已。

在当时，倪光南已经能够用微处理器和C语言技术将联想式汉字输入等汉字处理技术整合在一个微机系统上了。为了能在回国后尽快做出成果，倪光南在加拿大自掏腰包购买了价值几千加元的科研器材。其中，包括Z80微处理器、SRAM、DRAM等设备，都是国内很难买到的器材。

在描述自己将这些设备运回国的过程时，倪光南说道："一路上每过一个关卡，都要赶紧检查一遍，生怕把这些'宝贝'磕了碰了。"在此后的研究中，这些设备确实给倪光南提供了很大的帮助。

回国之后，倪光南开始利用这些设备将联想式汉字处理成果做成一台实用的汉字微机。由于硬件器材齐全，软件采用C语言进行开发，效率很高。到1984年初，倪光南团队就开发出了新的汉字处理产品。这是一台完整的汉字微机，被称为"LX-80联想式汉字图形微型机"。

"LX-80联想式汉字图形微型机"是一个独立的汉字处理系统。从最初依赖于大型计算机的实验系统，到逐渐发展成为一个实用的汉字微机，倪光南在汉字信息处理的研究上取得了很大的进步。

1984年，"LX-80联想式汉字图形微型机"获得了中科院三等奖。此后通过技术转让，广东省科学院实验工厂、大连科华公司、四川万县船舶总公司457厂、苏州计算机厂四家公司共生产了600台这种微型机。

1984年4月23日，在深圳市"电脑产品及应用成果展览会"上，"LX-80联想式汉字图形微型机"和IBM-PC展开了较量。LX-80采用的是硬件处理汉字，也就是"硬汉字"技术，而IBM-PC则采用CCDOS软件来处理汉字，即"软汉字"技术。

当时PC的运转速度很低，使用16位的8088CPU，主频只有4.66兆赫，性能大概只有现在新PC的千分之一、万分之一。因此，只能显示出几十个汉字，而且在一个全屏幕上，只能够显示出来十行汉字。

反观LX-80，虽然使用的是8位的Z80CPU，主频只有4兆赫，但由于主要依靠硬件来进行汉字处理，所以在汉字信息处理方面要远超过PC机。当时

倪光南：大国匠"芯"

LX-80的汉字显示速度每秒可以达到千字，而且全屏幕能够显示25行汉字。

很显然，在与IBM-PC的较量中，LX-80占据着很大的优势。外界也对LX-80表示看好，但倪光南却并没有被眼前的"胜利"冲昏头脑。在加拿大的经历让他知道，PC才是计算机行业的主流，使用Z80微处理器的系统都不能与之抗衡。所以必须要将LX-80的技术移植到PC上，才能够获得真正意义上的"胜利"。

倪光南知道计算机的未来在市场之中，而不会仅仅局限在学术研究上。因此，开发出便捷高效的汉字信息处理系统才是汉字输入的解决之道。虽然是一个搞科研的专家，但在计算机研发领域，倪光南更注重做产品。或许这也是此后倪光南接受中科院计算所公司总经理王树和等人的邀请加入计算所公司的原因之一。

此前计算所业务处与中航深圳工贸中心签订了合作协议。中航深圳工贸中心提供了两台当时最新的IBM-PC/XT，倪光南便着手将LX-80移植到PC上。由于信通公司邀请倪光南担任顾问，所以在这个过程中，信通公司也提供了支持。

这是汉字处理的第三项产品，也是最有产业化前景的产品，这项产品的问世也为倪光南研发"联想式汉卡"打下了坚实的基础。

倪光南曾说："大型计算机的研制，我洒过汗水。国家级科研成果，我取得过。中科院重大科技成果奖，我也拿过数次。但遗憾的是，这些成果至今还躺在奖状上，一直没有成为产品。"

倪光南是一个科研工作者，但同时他还有长远的科技眼光。他知道那些躺在功劳簿上的科研成果并不能对社会发展产生作用，所以他想要让这些成果变成产品，这也成为了倪光南选择"下海"研发"联想式汉卡"的一个重要原因。

第二章 辉煌从"联想"开始

第二章 辉煌从"联想"开始

第一节 "一院两制"的春风

倪光南想要将自己的技术成果转变成技术产品,因为只有这样,自己的研究才能够有价值。但中科院计算所毕竟只是一个学术研究机构,想要让学术成果转化为科技产品,需要经历一个过程。

当时中国计算机行业已经悄然起步,正逐渐进入快速发展的时代。科技成果的迭代速度很快,可能几个月的工夫,原本市场领先的技术就会成为市场中的落后技术。

在倪光南研发汉字信息处理技术时,国内国外还有许多个人和单位也在进行研究。科学家在乎的不是趁早抢占市场,他们更在乎自己的技术能够真正实现价值。如果自己费尽心力研发的技术是落后的,是对社会发展没有作用的,那整个过程就是没有意义的。

正因如此,倪光南才希望将自己那些躺在荣誉簿上的学术成果转化为先进的技术产品,实现它们的价值。在这方面,倪光南是幸运的,因为他遇到

倪光南：大国匠"芯"

了一个开放的时代和开明的政府。

1984年，我国进行科技体制改革。中国科学院最先响应号召，提出了面向国民经济主战场构想，这一构想后来被称为"一院两制"。

在这一构想下，中国科学院鼓励研究所办企业来转化研究所中的科技成果。一时间，"所办企业""校办企业"和民营企业等不同类型、各具特色的高技术企业如雨后春笋般在中关村纷纷涌现，大放异彩。

随着20世纪80年代以信息技术为代表的第三次新技术革命的到来！硅谷的先进理念和产业集聚现象让中国找到了高技术产业的发展方向。中关村最先感知到第三次技术革命的趋势，而中科院则成为中国新技术革命的实践者，率先采取"一院两制"的方式支持研究院、研究所创办企业。

自此之后，中国的大批知识分子纷纷走出大学和科研院所，开始创办高科技企业。

正是在这股风潮之下，1984年11月，中科院计算所决定创办全民所有制公司"中国科学院计算技术研究所新技术发展公司"。

这家公司就是现在联想集团的前身。当时，计算所所长曾茂朝兼任该公司董事长，计算所业务处副处长王树和担任总经理，原八室副主任张祖祥和六室实习研究员柳传志分别担任副总经理。

国家科技体制改革让倪光南看到了技术成果产业化的希望，在计算所公司成立之初，倪光南并没有加入其中，他仍然在进行汉字信息处理方面的研究。

当时倪光南正在将LX-80移植到PC之中，为了能够更好地进行推广，倪光南打算将LX-80中的技术移植到更小的硬件之中，这也就是后来出现的

第二章 辉煌从"联想"开始

"联想式汉卡"。

"计算所公司"成立后,除开办费20万元之外,计算所还陆续提供了几十间办公室,所内先后有120多名技术人员加盟,所内各种机器设备无偿使用,几千万授信贷款随时提供支持,更有计算所的招牌这一重大无形资产帮助公司拓展业务——当时之所以选择使用"中国科学院计算技术研究所新技术发展公司"这个名字,主要是为了沾一沾中国科学院和计算技术研究所这"两面大旗"的光。有了这个名头在,公司开展业务就方便多了。

当时,因为计算所已开发出联想式汉卡,因此,刚刚创立不久、少为人知的计算所公司(联想)凭借"这个附加值"在与当时中关村赫赫有名的信通公司(也是中科院下属公司)争夺五百台进口电脑的验机、培训、服务业务,赢得了合同。这些PC机都配联想式汉卡,因而通过这一合同获得了70万元利润。这就是联想式汉卡为公司赚来的第一桶金。

不过,在众多的公开资料中,联想的第一桶金来源被这样描述:20名员工肩扛手提,将2000个包装箱像蚂蚁搬家一样……挪到三层楼上我们借来的大型机的机房中,赚了70万元。对此,倪光南院士在接受记者采访时说:"这是不客观的,我们当时每台计算机赚了1400多元,是一个大学毕业生25个月的工资,光靠搬机箱、流大汗怎么可能赚到这么多钱?"

事实上,"20名员工肩扛手提"的,正是需要装上联想式汉卡的500台微机。

计算所首任总经理王树和是这样表述的:"当时的计算机都是从国外进口,操作系统全部都是英文的,市面上也有几种汉卡,但都不稳定,我们负责这批计算机的验收、组装、培训，还装上了倪光南的汉卡，一下子就赚了70万元。"

还有一种八卦说法，出于别有用心即抹杀倪光南对联想公司创办初期生存与发展的至关重要、不可或缺的贡献，不仅把倪光南在联想成立的第二个月——1984年12月加盟计算所公司（联想）、出任总工程师的事实往后推延，还硬是把汉卡研制成功上市的时间推后三年。这里我们根据不可辩驳的事实来证明那些处心积虑编造的谎言是多么的不堪一击！

"计算所公司"成立之时，中国已经进口了几十万台PC微型机。但由于计算机汉化问题依然没有得到有效解决，所以大量进口的PC微型机使用率非常低。"计算所公司"的领导很清楚计算机汉化的重要性，同时也知道哪家公司掌握了计算机汉化的方法，哪家公司就能够赢得用户，获得市场。为此，计算机汉化成为了当时"计算所公司"的一个主攻发展方向。

提到计算机汉化问题，"计算所公司"领导王树和想到了一个人——倪光南。如果说当时中国谁的汉字信息处理研究成果最有可能实现产业化的话，倪光南应该算是最佳人选。从"联想式汉字输入法"畅想，到"LX-80联想式汉字图形微型机系统"，再到进一步将LX-80的技术移植到PC之中，倪光南已经越来越接近研发的终点了。

为此，王树和决定邀请倪光南加入公司。从当时的市场环境来看，谁率先将技术成果转化为科技产品，谁就能先抢到更多的市场份额。在当时，每个公司都想要率先找到拥有先进技术成果的研究者加盟，因此在当时的中国市场上，出现了一股抢夺人才的潮流，而"计算所公司"想要抢夺的人才就是倪光南。

王树和与倪光南共事多年，深知倪光南的脾气秉性。想要让倪光南"下海"，就必须让他看到希望。最终，在答应了倪光南提出的三个条件之后，"计算所公司"抢到了倪光南，以及他的联想式汉卡技术。

第二节 "约法三章"加盟计算所公司

计算所公司成立后,摆在面前的问题是如何生存。2009年11月16日,计算所公司首任总经理王树和在接受《每日经济新闻》采访时说:"当时有的人要卖旱冰鞋,有的人要做收音机,有的人要卖电子表,还有的人要做计算器,货都已经进了。"

事实上,有人曾把一双旱冰鞋挂在公司会议室,但仅仅半天就被领导制止、责令取下。大约在混乱的状态下运行了一个多月,总经理王树和感觉不能再这样下去,便对所有人说:"我们是计算所的公司,就应当卖计算机。"从此才正式确定计算所公司的发展方向和发展道路。

创业初期,王树和、张祖祥和柳传志等人整天都在办公室加班,在讨论公司的发展问题时,他们觉得计算所第六研究室的副研究员倪光南研发的汉卡不错。当时,倪光南已经和信通公司合作生产汉卡。王树和说:"计算所公司成立后,我带着柳传志邀请倪光南来做总工程师,后期的汉卡才主要由我们来做。"

2014年12月，倪光南被邀加盟计算所公司并出任总工程师。倪光南不仅自己加入了"计算所公司"，同时还将联想式汉卡的全部技术带到公司。至此，计算所公司创业团队排序是：所长兼董事长曾茂朝副研究员、总经理王树和（所业务处原副处长）、总工程师倪光南副研究员、副总经理张祖祥（所研究室原副主任）、副总经理柳传志（所研究室原实习研究员）。

根据《中华人民共和国人事部职称管理评审制度》规定，职称是对技术人员工作能力的表述，是由职称评定委员会评审的。研究员职称系列包括实习研究员（初级）、助理研究员（中级）、副研究员（副高）、研究员（正高）。

在中国科学院的职称体系里，研究员是自然科学研究系列岗位的一种，他（她）们通常都会培养硕士生和博士生。自然科学研究系列专业技术岗位各设置12个等级，研究员岗位设4个等级，分别对应国家通用专业技术岗位等级一级到四级，对应于教育事业单位的教授一级到教授四级。其中研究员一级应为中国科学院院士或中国工程院院士。副研究员（高级工程师）岗位设3个等级、助理研究员（工程师）岗位设3个等级、实习研究员（助理工程师）岗位设2个等级。在这种场景下，研究员通常翻译为Professor或者Full Professor。

在倪光南加盟计算所公司之后，所内大批科技人员陆续加入，形成强大的科技创新力量，他们一律保留计算所人事关系，工资照发、福利等各种待遇依旧，如退出公司仍可回所工作，退休后则属计算所退休职工。

倪光南：大国匠"芯"

与此同时，计算所的自主知识产权（科技成果）也无偿给予公司使用。

网上流传甚广但未经核实的传言是：倪光南在加入"计算所公司"之前，提出了三个条件。只要"计算所公司"的领导能够答应这三个条件，倪光南就接受邀请。

倪光南的三个条件很简单，第一条是不做官，第二条是不开会，第三条是不接受采访。可以看出，这些都是分散精力的事情，在倪光南看来，这对科学研究来说是没有什么意义的。

"计算所公司"的领导当然知道倪光南的脾气秉性，也知道倪光南提出这些条件的目的是为了更快更好地完成手中的产品。因此，很快便答应了倪光南提出的条件。

对于从传统的科学家转变成为一家企业的总工程师，倪光南并没有感觉到不适应。他曾说："我也在想，一个科学家整天和商品市场见面，整天和用户打交道，是不是不务正业？但是在加拿大的见闻告诉我，不是这样的。计算机不是经典科学，我们的研究成果也不应该躺在奖状上，它应该伴随工业的发展，为各行各业服务。"

在加入"计算所公司"之前，倪光南就已经在将LX-80的汉字技术向PC机上移植。当时LX-80虽然是自主研发的，但由于它是8位机，而PC是16位机，所以二者并不兼容。因此，倪光南想要将已经在LX-80上实现的联想汉字技术移植到PC上，必须要开发一种扩展卡，也就是联想式汉卡。

当时在PC上使用的主要是CCDOS汉字系统，这种纯软件的汉字解决方案虽然成本低，但在显示速度和显示效果上却并不好。此外，这种汉字系统的

第二章 辉煌从"联想"开始

汉字字库占据了三分之一的RAM，因此，汉字显示必须要通过BIOS，这就破坏了"直接写屏"协议，导致无法适应西文软件的现象发生。

倪光南设计联想式汉卡就是为了避免出现类似的情况。联想式汉卡通过软件和硬件相结合的方法，让PC无论处理中文还是西文，在显示速度和显示格式上都可以保持不变。而且，汉字字库并不占用RAM，"直接写屏"协议也可以保持不变，这样西文软件基本上不需要进行汉化就可以处理中文，大大提高了汉字输入的效率。

加入"计算所公司"，其实就是换个身份符号而已，倪光南继续推进自己的研究。在这里他依然带领着课题组通宵达旦进行产品研发，他与同事的工作地点依然不变，还是在中科院计算技术研究所原来的几间办公室（所有计算所加盟联想的技术人员，如果工作内容不变的话，办公场所照旧，只不过对外具有计算所公司身份），与此同时，从王树和到所有计算所加盟公司的员工，工资依然由所里照发。

在当时，倪光南的到来对于"计算所公司"还没有产生太大的影响，但伴随着联想汉卡的问世以及销售的火爆，倪光南的名字便成为了"计算所公司"最响亮的招牌。

当时的中关村流传着"三个企业家找到三个科学家，成就三个知名企业"的经典故事。其实这个传言半真半假，多少有些演绎成分。比如倪光南加盟联想，首先是王树和的拍板决定，张祖祥具体执行邀请任务而已，跟其他人没有直接关系，公司管理层其他成员无权逾越总经理王树和与排序第二的副总经理张祖祥擅自邀请倪光南加盟，这点也得到倪光南本人的证实。

倪光南：大国匠"芯"

《联想做大华为做强》一书作者陶勇曾当面询问倪光南院士加盟联想的情形，倪光南院士明确说明是总经理王树和让副总经理张祖祥跟他谈话，只不过陪同张祖祥的另一位副总更会说话，因此话说得比张祖祥更多。

很多人喜欢争论究竟是企业家成就了集团，还是科学家成就了集团。这种争论其实没有什么意义，真正能够给一个企业带来辉煌的，并不是企业家，也不是科学家，而是这个企业所服务的用户，只有企业的产品或服务得到用户的认可，企业才能够获得市场，才能够发展壮大。所以很多时候，无论是企业家还是科学家，想要让企业不断发展，就要对产品或服务进行不断创新，不断满足用户的需求。

作为科学家，倪光南对这一点看得很清楚，也正是拥有这样的眼光，联想集团才会有日后的辉煌。当然，这些都是联想式汉卡诞生之后的事情了。

第二章　辉煌从"联想"开始

第三节　第一型联想式汉卡

第一型联想式汉卡诞生于1985年，这款汉卡是由三块用扁平电缆相连的电路板和一套软件系统组成的。

早在1968年参与研究汉字显示器时，倪光南就开始了自己的联想式汉字输入法的研究。从70年代开始，倪光南在科学院计算所的工作主要可以分为两个方向，一个是模式识别，另一个就是汉字信息处理。之所以会将汉字信息处理当作自己的一个研究方向，是因为他认为将computer翻译成计算机并不合适。

倪光南说："这种翻译容易让人产生误解，认为计算机只是用作科学计算，其实计算机更多的是用作信息处理，科学计算只是一个方面。"从现在来看倪光南的这句话无疑是准确无误的，现代的computer大多数是用来进行信息处理、浏览等任务，科学计算更多应用在办公方面。

由于当时PC进入中国时无法使用汉字进行信息处理，所以无法得到普及。倪光南很清楚，如果中国人想用计算机去进行信息处理，就必须让计算机能够更加方便地处理汉字才行。

在PC刚刚推出时，CPU的主频是4.77MHz，内存为640KB，系统则采用DOS操作系统。在这样的条件下，即使用它的全部资源来进行汉字处理，内存都不见得够用。

正是基于这种情况，倪光南开发了联想式汉卡。在汉卡硬件上加装专门的软件来进行文字处理，这样就可以不占用PC的资源。如此一来，中文PC和西文PC的工作效率近乎相同，很多西文应用软件也可以不用修改直接使用中文进行处理。

联想式汉卡的前身可以追溯到中科院计算所研发的LX-80汉字图形微型机，当时在研发这种微型机的时候，倪光南就有意识地延伸其汉字信息处理的能力。正因如此，这台微型机也就基本具备了后来的汉卡功能。

在当时，汉字处理可以说是中国推广应用电脑的一个瓶颈。倪光南身处在最前沿，对这种情况的感受最为直接，他知道中国急需一种好的汉字处理解决方法。

当时以CCDOS为代表的"软汉字系统"成本很低，但在汉字处理能力上也比较低，这影响了电脑使用者的工作效率。以联想式汉卡为代表的"硬汉字系统"虽然成本较高，但是性能非常好，大大提高了电脑的使用效率。这两种汉字系统相互配合，满足了不同人应用电脑的需求，解决了当时的汉字处理难题。

谈到为何转去研发汉卡而没有继续研发微机系统，倪光南说："当时PC

已经成为业界潮流，我们看到这是一个机遇，如果将LX-80的汉字处理功能移植到PC上，使之能处理西文，使PC成为一台能处理汉字的PC，就能在中国市场大量推广。"

当倪光南看到严援朝在PC上开发的CCDOS软文字系统时，他才下定决心放弃LX-80汉字图形微型机，虽然当时这种微型机每分钟能够显示几千个汉字，要远比CCDOS显示汉字的速度快，倪光南依然决定将LX-80汉字图形微型机的技术浓缩到PC上的一块汉卡之中。因为只有这样，市场才能接受他的"文字处理系统"。

倪光南认为："PC是16位机，而且是工业标准。做产品和搞科研不同，做产品第一要素是市场能否接受，而不在乎科研水平的高低。计算机不是一个学术的东西，它是个产业。"

正是出于这样的考虑，倪光南和中科院计算所的同事才选择去做一个插在PC中的部件，而没有选择去做完整的微机系统。在倪光南看来，这可能是一种学术上的退步，但对于当时的市场来说，这应该算是一大进步。

虽然在研发第一型联想式汉卡之前，倪光南就已经掌握了汉字处理的基本技术，但是想要将这些技术浓缩到一张能够插入PC的扩展卡中，以当时的实际条件来说也是很有难度的。

除了要考虑技术难度之外，倪光南团队还需要考虑汉卡的研发成本问题。如果研发成本过高，那售价自然会高，售价太高，消费者就可能会负担不起，这对汉卡的推广并没有好处。因此如何合理地将硬件和软件技术结合起来，如何更好地降低成本成为了倪光南研发汉卡必须要考虑的问题。

其实，即使联想式汉卡的成本略高，它依然可以通过优越的性能来获得市场。

联想式汉卡的硬件主要用来存储汉字字库，并且提供高速汉字显示的功能。当使用者用键盘输入汉字的编码时，联想汉卡的软件会将它们转换成为汉字或者是词组，然后再进入计算机进行处理，最后，汉字信息的处理结果可以在显示器上显示出来，也可以打印出来。

联想式汉卡和其他汉卡不同的地方就在于，它能提供联想功能，而其他汉卡做不到这一点。用户只要输入一个汉字，输入法将会自动推荐候选字、词，这种输入方法简化了用户输入时的敲击次数，同时也加快了输入速度。现在很多输入法的"联想"功能，正是由此而来。

1985年春节，倪光南团队加班加点地做出了第一块样卡，到了4月份，第一块联想式汉卡产品进入市场。为了能够尽快推出产品，倪光南团队始终在与时间赛跑，对于当时的情形，他描述道："因为要赶时间，市场不等人，所以，把工作量减到了最小，只做最必要的，当时还来不及把三块卡缩成占一个槽。三块卡虽然在工艺上不太好，但它的功能很强。"

在倪光南眼中，第一块联想式汉卡就像是一只"丑小鸭"，但相比于其他的"丑小鸭"，联想汉卡还是稍强一些。之所以研发工作进行得如此迅速，是因为倪光南认为高技术产品开发的一个重要原则就是把进入市场的时间放在第一位。如果当时联想汉卡再晚一些进入市场，很可能没法获得市场份额了。

据倪光南对《联想做大华为做强》作者陶勇回忆，第一块汉卡其实利润不低，当时他们还怕定价四千元人民币不好销售，没想到如此高价依然受到市场欢迎，而一张售价四千的汉卡，利润就有两千元，利润率很高。当时身为总工程师的倪光南月薪八千，"卖几张汉卡就挣回来了"，倪光南这样对陶勇说。

1986年联想汉卡迎来了一次真正的考验，这不仅是对联想汉卡的考验，同时也是对倪光南的考验。

当年1月份，北京举行了汉字系统对口赛，除了联想汉卡外，新时代汉卡、CCDOS以及二炮研制的汉卡都参与了竞赛。竞赛内容是编辑文件，做数据表格，进行排序、检索、造字，然后打印。

为了保险起见，倪光南亲自上阵进行操作。最终，联想汉卡获得了一等奖。谈及获奖原因，倪光南说："因为我最熟，我第一个交卷，并以最高分得了一等奖。"

此后，在1986年7月，联想汉卡获得了国务院电子振兴领导小组的应用支持系统奖。到了8月份，只占用一个槽位的联想第二型汉卡问世，至此，联想汉卡一个型号接着一个型号向前发展，走过了十年时光。

在进入市场之后，联想汉卡受到了广泛欢迎，为公司创造了极高的经济效益。在倪光南看来，联想式汉卡在产业化方面，除创造了经济效益之外，更为重要的一点是将"联想"这项技术的名称变成了一个公司、一个品牌的名称。

第四节 "技术宅"的专业精神

1985年5月8日，北京第一届计算机博览会开幕，在一个展台前，一位中年男人穿着一件印有"中国科学院"字样的工作服，认真地张罗着。这个穿着工作服的中年男人就是倪光南，而在他身后的展台上，放置着一个长30厘米、宽20厘米的灰色金属"盒子"。这个"盒子"就是倪光南开发的联想式汉卡。

在这次博览会上，倪光南成了联想式汉卡的推销员。为什么堂堂一个科学家要去博览会上做推销员呢？这种看似不协调的举动，在倪光南看来是再正常不过的事情。

当时的倪光南已经不是研究院中只顾研究技术的科学家了，虽然依然在进行科研工作，但他的身份已经变成了"计算所公司"的总工程师。在加入"计算所公司"之前，倪光南与公司领导提了三个条件，可在工作之中，倪光南却一心想着产品和市场。

第二章 辉煌从"联想"开始

如果按照现代人的眼光看，倪光南应该属于"技术宅"类型的人。不喜欢开会，不喜欢应酬，不喜欢接受采访，在研究所时，倪光南的心中只有技术和产品，到了企业，他又将客户和市场当成了自己的关注目标。

这也是倪光南与一般"技术宅"不同的地方，同样是执着于技术，倪光南更加注重技术转化为产品之后与客户之间的互动。客户是否会接受这一产品，市场是否会认可这个产品，这些都是检验技术转化为产品是否成功的关键因素。

除了在博览会上推销自己的产品外，倪光南还很喜欢与客户进行沟通，广泛倾听客户的意见。为此，倪光南提议成立了联想式汉卡用户协会，同时还开设了一部专门负责汉卡售后技术服务的热线电话。

对此，倪光南说："为什么科技成果转化要以企业为主体？我开始明白，因为只有这样才能不断得到市场反馈的信息，才能不断改进，不断发展。"倪光南开始庆幸自己能够加入"计算所公司"，能够更近距离地接受市场对产品的反馈。这是企业与研究所相比的一大优势。

在研究所进行技术研究能够得到充分的支持，工作环境也更好。但倪光南总觉得研究所中的研究与市场之间存在着一定的距离，很多时候一项技术成果研发成功，等得到市场反馈的时候，其他同类型的技术成果早已经层出不穷了。相比企业，研究院与市场之间的联系并不那么紧密。

但有优势就会有劣势，企业也是如此，在不久之后，倪光南就见识到了企业的这种"劣势"。

除了注重技术和市场，倪光南还有一个"技术宅"们普遍具有的特质，那就是认真。与联想式汉卡同时期出现了许多"汉卡"类产品，联想式汉卡是其中销量最大、影响也最大的汉卡。

联想式汉卡在销售时会与软件捆绑在一起进行销售，软件不单独进行定价，只包含在硬件销售中。也就是说，用户每购买一套联想式汉卡，其中就必定会带有一盒装有LXPC系统软件的软盘。当时方正排版系统和四通打字机都采用了这种销售方法。

软件在联想式汉卡中占有重要地位，它不仅提供了中文系统软件，同时还提供了应用软件的支持，更重要的是它为联想式汉卡发展了智能化的汉字输入。

联想式汉卡在发展过程中，逐渐形成了一套智能化的汉字输入方法。这些智能化的汉字输入方法包括联想式汉卡支持联想功能，联想的相关长度可以达到4个汉字。用户能够使用自己定义的码表生成任意的输入方法，同时还支持字和词的混合输入。

联想式汉卡的联想功能可以减少输入中的重码字，也能调整输入中候选字的顺序。输入中的候选字或者联想的候选词还可以根据使用频度动态排序。

"捆绑销售"可能是联想式汉卡成功的一个原因，但更为主要的原因则是倪光南对联想式汉卡不断改进。联想式汉卡在发展过程中，硬件一共经历了8个型号，软件则更新了数十个版本。

其中，1990年推出的7型卡是最成功也是销量最大的，那时也正是汉卡发展的黄金时期。7型汉卡主要采用了自行设计的超大规模专用集成电路芯片，具有很高的性价比，受到用户的欢迎。这就增加了汉卡的获利空间，同时也扩大了汉卡的销量。

倪光南很清楚,新技术产品如果不持续保持性能更新,很快就会被其他同类型产品超越。很多看上去先进的技术产品,一旦投入市场,就没有那么先进了。

如果自己不在这一产品上不断进行创新,其他人就会通过创新完成超越,最终的结果就是自己的产品很快又会被新产品超越,到时候再去开发产品争夺市场就困难多了。

因此,倪光南始终在对联想式汉卡进行改进和创新,无论是硬件还是软件,始终在市场中保持着领先水平。也正是因此,当时的中国市场上虽然存在很多类型的"汉卡",却始终没有哪一款汉卡在销量或知名度上超越联想式汉卡。

倪光南就是凭借着"技术宅"身上的那股认真劲儿,帮助联想式汉卡取得了成功,同时也帮助"计算所公司"获得了高额的经济效益。

1988年,联想汉字系统获得国家科技进步一等奖,这是中国第一个获得一等奖的汉字信息处理系统。

2001年,在中国工程院主办的"20世纪我国重大工程技术成就"评选中,汉字信息处理和印刷革命位居第二位,仅次于"两弹一星"。

从1985年到1994年,联想式汉卡一共售出了16万套,创造了可观的经济效益和社会效益。《联想风云》一书作者曾这样写道:"最重要的一件事是,副研究员倪光南兼任公司总工程师,并把计算所的研究成果'汉字系统'带到公司……这一技术在计算所研究了10年,在来到公司后不到6个月,

倪光南：大国匠"芯"

已经售出至少100套，为公司带来了大约40万元的毛利润。"到1987年，联想式汉卡的产值已经逼近亿元，这可以说是倪光南的功劳。相信这一点谁也不会否认，也不敢否认。

联想式汉卡的成功让联想集团获得了第一桶金，也让联想集团迅速从中关村众多企业中脱颖而出。

第二章 辉煌从"联想"开始

第五节 中关村风云

关于联想集团名称的由来,倪光南曾提到:"1988年,联想式汉卡在市场上已有良好的声誉,我们在广州的合作伙伴、广东省科学院实验工厂的王少才厂长为了推广汉卡,注册了一家'广州联想电脑设备有限公司',这家公司由计算所公司经营,广东省科学院实验工厂收取管理费。这是首先将'联想'这样一项技术的名称作为一个公司的名称,是一个大胆的尝试,正是在这个尝试的启发下,1989年11月19日,'计算所公司'也改名为联想集团。"

从倪光南的话中可以看出,联想集团的得名与联想式汉卡有着密不可分的联系。事实上,联想集团最初的崛起正是从联想式汉卡以及倪光南后续开发的联想微机开始的。

倪光南曾说:"联想式汉卡在公司成立的头三年里,营业额占整个公司营业额的38%,利税则占到了45.6%。"在当时,四通集团有四通打字机和四通利方,方正集团有排版系统和中文之星,联想集团则有联想式汉卡和联想

倪光南：大国匠"芯"

微机，所以这三家公司逐渐发展了起来，而信通公司、科理高公司因为缺少拳头产品，所以没有获得长足发展，中关村一些其他小公司则没有几年就消失不见了。

倪光南认为在中关村办企业，如果只靠做贸易，是长久不了的。中关村想学习硅谷模式，硅谷并不是贸易中心，而是新技术的发源地，所以中关村的企业也应该以技术为导向去寻求发展。

在当时那个时代，中关村可算得上是中国最具创新活力的地方。随着国家体制改革进程的加快，越来越多的高技术企业出现在中关村。四通、方正、联想，以及信通和科理高都是其中的代表。

早在1984年8月，在中科院计算技术研究所的协调下，倪光南与中航深圳工贸中心和中关村信通公司展开合作，在这两家公司的支持下开始研制联想式汉卡。很快，第一批100块联想式汉卡推向市场，最初的这些联想式汉卡主要由信通公司和联想集团负责销售。

当时联想式汉卡的市场价格大约1300元，而实际成本仅有600元，每块联想式汉卡的销售利润能达到700元左右。在这100块联想式汉卡的销售过程中，员工众多的信通公司仅仅只销售出7块，而刚刚成立不久只有11名员工的联想公司却销售出了93块联想式汉卡。

当时中科院从国外进口了500台IBM计算机，全部交由联想公司负责技术服务，此后，联想公司将这500台计算机全部配备了联想式汉卡。如果没有中科院的500台计算机，在如此短的时间创造出如此巨大的销售数量是十分困难的，而这500台计算机也为联想集团带来了第一桶金。

第二章 辉煌从"联想"开始

100块联想式汉卡销售出去之后,信通公司和联想公司在这100块汉卡的利润分配上发生了争执。信通公司要求利润按照五五分成,而联想公司则要求以销售数额来分配利润,最终在信通公司的坚持下,双方对利润采取了五五分成。

随后,王树和开始邀请倪光南加入当时的"计算所公司"。1985年5月,由王树和出面协调,倪光南正式结束与信通公司和中航深圳工贸中心的合作关系。

在这个过程中,联想公司也给信通公司和中航深圳工贸中心进行了补偿,这点儿补偿相对于汉卡赚取的利润而言非常少。从1985年4月到1987年12月,联想式汉卡就为联想公司带来了1237.5万元的利润。

当年联想公司和信通公司对联想式汉卡的争夺非常厉害,正是在王树和的坚持下,联想式汉卡才最终落户联想,成为联想集团的拳头产品。也正是倪光南和联想式汉卡的加入,联想公司才迎来了飞跃式的发展。

失去了联想式汉卡的信通公司,虽然在当时也颇具名气,但因为缺少拳头产品,导致业务开展困难重重。最终,信通公司尝试用贸易积累的资金全力研发"小巨型机",但因为利润不足,导致研发资金紧张,加之其他原因,信通公司逐渐退出历史舞台。

正是中关村中的风起云涌,让倪光南见识到了技术和产品对于企业发展的重要性。也正因如此,联想集团在最初10年时间中,一直坚持以技术带动企业发展的路线。在倪光南看来,对于一个高技术公司来说,技术创新是灵魂,所以"技工贸"才是正确的发展路线。如果企业没有独到的技术,又怎

倪光南：大国匠"芯"

么能够保持高利润呢？

联想式汉卡的成功就是最好的例子，对于当时没有资金、没有品牌的联想公司，如果不靠联想式汉卡的推动，怎么能够逐步发展起来呢？

当然，倪光南也很清楚仅仅依靠联想式汉卡的推动，联想公司并不能发展到和那些国外高技术企业一样的规模。计算机行业依然在不断向前发展，除了要不断更新联想式汉卡，适应市场的需求外，还应该紧跟当时计算机行业的发展潮流。

为此，1988年，倪光南又开始对微机主板和扩展卡进行研究，很快，拥有联想标志的微机产品进入了国际市场。倪光南让高技术产品走出国门的愿望得以实现。

对于自己的工作成绩，倪光南表示："最重要的成绩是实现了科技产业化，我们将'联想'这个创意变成产品，再变成企业品牌，为高技术的'中国制造'走向世界尽了力。"

第六节　从联想汉卡到联想微机

联想式汉卡销售的火热让联想集团赚得盆满钵满，联想集团每一个员工的脸上都是喜气洋洋的表情。只有一个人，在联想式汉卡蒸蒸日上时，开始思考联想集团未来的发展问题。这个人就是倪光南。

联想式汉卡的成功并没有让倪光南停下自己继续研究的脚步，国外的工作经历让倪光南很清楚，高技术产品的寿命非常短暂。即使问世时领先于其他同类产品，也会很快被新技术、新产品所取代。

对此，倪光南说道："我当时看到了汉字平台技术前途不大。我去过微软三次，也和比尔·盖茨一起吃过饭，对微软比较了解。微软已经把多语言支持作为公司要办的事情，如果我们再搞中文平台就相当困难了，今后的中文系统只能起到增值作用，很难成为中文平台。"

对于一个企业来说，想要寻求长远发展，单纯依靠一项拳头产品是远远不够的。联想集团想要继续发展，就要找到新的拳头产品，以至于在联想式

倪光南：大国匠"芯"

汉卡的"生命周期"结束之前，承担起为公司盈利的重任。从当时中国的计算机市场入手，倪光南将目标定在了开发国产品牌的电脑整机上。

谈到研发计算机整机，倪光南曾提到："计算所出身的人对自己过去做的一些计算机感觉很不错，这些计算机也为国家一些重要项目做出了贡献，但那都是一台两台，所以我们一直有个愿望，就是让中国人都能用上我们自己设计生产的计算机。"联想微机正是在这种背景下诞生的。

倪光南选择开发新产品的时间节点选得很好，1988年正是联想式汉卡业绩逐渐上升的时期。在这一时期，一方面，联想式汉卡的功能已经趋于稳定，后续版本更新难度并不大。另一方面，联想式汉卡为联想公司带来了丰厚的利润，这为倪光南开发新产品提供了重要支持。

正是出于这两方面的考虑，倪光南选择在1988年开始将联想集团的研究重点转向联想微机的开发，而将联想式汉卡的优化工作交给其他人来负责。此后，倪光南只负责汉卡在硬件方面的改进，而软件方面从V3.0版本之后就完全交给其他人负责。

当时倪光南团队投入研发的是286型号微机，这也是当时国际市场上的主流型号。由于德国汉诺威展览会将在几个月后举行，这是一次展示产品的绝佳舞台，为此，倪光南团队立下军令状，保证在3个月之内做出样机，参加德国的汉诺威展览会。

研发286型号微机的场地有两个，一个在香港的联想，一个在北京的计算所。由于一部分研发工作需要在香港进行，倪光南只得在香港和北京两地往返，虽然联想微机的主要开发工作是在计算所进行的，但倪光南团队在香港

第二章　辉煌从"联想"开始

却花费了不少时间。

倪光南团队在香港主要进行主板的研制，相比于计算机整机，主板的研制更简单，销售也更容易。但最初联想出口的第一批2000块主板却面临着被退货的危险，当时还是依靠倪光南想出的方法解决了问题，以至于后续推出第一批联想286微机时，联想集团的所有人都很紧张。

当时，"计算所公司"的研发场地就在计算所大楼内，背靠中科院计算技术研究所，倪光南在研发过程中可以借到逻辑分析仪、宽带示波器、存储示波器等昂贵的设备。如果没有这些设备，联想微机的开发工作也不会如此顺利。

在计算所大楼中，倪光南团队开发微机的进度很快，但到了香港，微机主板的试制生产和调试却进展很慢。在香港，倪光南团队使用不了先进的设备进行分析，当时倪光南身边只有两个技术人员充当助手，可用的设备只有一台指标很低的示波器。这样一来，很多调试工作都需要依靠经验来进行。

对此，倪光南曾说："（286型微机能够按时研发成功）还要感谢多年来在计算所参与调机工作的锻炼。"最终，在汉诺威展览会之前，联想286微机研制成功，倪光南团队成功完成了研发任务。

在德国汉诺威展览会上，联想286微机一鸣惊人，成为展览会上的畅销品。

联想286微机的成功很大程度上取决于倪光南对于微机主板卡的改进和创新。当时在德国汉诺威展览会上，联想286微机主板产品采用了倪光南自行设计的主板，而没有采用公板。

倪光南：大国匠"芯"

在设计这块主板的时候，倪光南采用了"零等待页面模式"和"隐蔽再生"技术，这让主板的性能得到了很大提升。在使用测速软件进行测试时，联想286微机的运算速度是当时中国市场上最快的286微机的1.6倍。

对于联想286微机在运算速度上的提升，倪光南提到："与现在的PC不同，当时各家PC在电路设计、性能指标方面都不相同。联想286的速度是当时AST286的1.6倍，它的主频达到了16M，而AST只有10M。用测速软件SPEED2.0测试，AST286是16M，而联想286达到了21M。"

当时，微机的核心技术诸如操作系统、CPU等，都已经被外国公司所垄断，想要让联想微机脱颖而出，就要进行相应的创新。倪光南所选择的就是对主板上的电路设计进行创新。当时的主板，电路集成度并没有现在高，一块主板需要由数百个原件来构成，这样在电路设计上就有了很大的发挥空间。

简单来说，就是让电源信号和信息更快地在电路中传递、输送。想要做到这一点，就需要对电源信号、信息在电路中的行走路径进行优化。这类似于在"走捷径"，所以联想286微机才能够成为当时中国市场上运行速度最快的微机。

虽然联想286微机在汉诺威展览会上引起了轰动，倪光南却并没有停下继续研究的脚步。他很清楚，这种程度的改进在中国可能处于领先水平，但放到世界上来看，远远比不上国外的微机产品。其中一个主要原因就是微机的许多核心技术掌握在国外企业手中，这一问题不解决，中国计算机行业的发展将会始终受到钳制。

当然，从当时中国的科研技术水平来看，想要解决这一系列的问题十分困难，即使到现在，中国在一些核心技术方面还受制于西方。倪光南很清楚这一点，所以当时他并没有一味去钻研技术，而将更多注意力放在了当时的中国市场上。

在联想286微机研发成功之时，大多数国外的跨国公司并没有将中国市场作为目标。一般这些跨国公司会在国际市场上先推出新的机型，然后大约半年后再进入中国市场。倪光南正是抓住了这一机遇，在推出286微机之后，又率先推出了486微机和586微机等新机型。

先进的性能加之缺少竞争对手，联想集团的新机型获得了很高的市场回报。到1992年，联想主板已经占据了世界市场份额的2%，而到1993年，联想微机已经成为了中国市场上排名第一的微机品牌，这又为联想集团带来了丰厚的回报。

第七节 科学家的眼光

1989年3月10日,信息、电信技术交易会在汉诺威拉开帷幕,有全球40多个国家的几十万商贸人士参加,联想集团也带着自己的产品参加了这次展览会。

众多客商围在联想集团仅有的30平方米展台前,观看着展台上展出的联想286微机。相比于其他同类产品,联想286微机在性能上更加优异,价格也更加便宜。因此在第一天中就有5家欧洲公司与联想集团签下了200套联想286微机的合同。到了3月14日,联想集团又与美国和欧洲的商人签订了7000多套订货合同。

在为期10天的交易会中,联想集团与20多个国家的客商签订了2073台整套微机、核心主机板2483块的订单。

这对于第一次步入国际舞台的联想集团来说是一个巨大的成功。对此,《科技日报》的记者在报道中写道:"成功了。他们自己设计、研制的联想

286微机，终于走向世界，这是一个多么令人激动的日子，中科院计算所几代科学家的夙愿在这一天实现了。"

确实，倪光南想要将中国高技术产品卖到国外的愿望实现了，但成功并不意味着停下前进的脚步，这种成功在倪光南看来只是迈上了一个台阶。在完成联想286微机研发工作之后，倪光南又开始了新机型的研发。他首先从北京抽调了一批技术骨干，然后又组建了香港和深圳的研发部。其中，产品开发人员主要在深圳工作，少数技术骨干则来往于香港与深圳之间，这样能够最大限度节约研发费用。

之所以选择香港作为研发地，是因为当时PC的核心技术大多需要依靠国外厂商，而在亚太地区，除了东京与首尔，就只有在香港方便与国外厂商交流。此外，倪光南选择香港作为研发地，也是为了让联想微机的开发能够与国际接轨，避免出现闭门造车的情况。

最初，香港联想主要以"Quantum Design Ltd."的名义来销售主板，但倪光南认为使用"Quantum"这个名称并不合适，因为在国际市场上，"Quantum"是一家著名的硬盘公司，这样会让人产生误解，认为出售主板的是这家硬盘公司而不是联想。因此，倪光南建议以"QDI"作为品牌，联想接受了倪光南的建议，后来的香港联想就以QDI作为品牌，大量出售主板和扩展卡。

当时倪光南组建的微机研发设计队伍是国内实力最强的团队。这支团队在研发微机时，可以使用自己设计制造的主板和扩展卡，而其他团队则只能依靠从国外进口这些配件。这不仅使得联想微机在性价比上具有较大优势，而且也能够使联想比国内其他公司更早推出新的机型。

倪光南：大国匠"芯"

利用这种优势，联想集团1991年11月在国内率先推出了第一台486微机，1993年11月又在国内率先推出了第一台586微机。从时间上来看，其他公司在半年之后才推出相同类型的微机。

1991年底，联想微机获得了"亿利达"科技奖，而在1992年底，联想系列微机获得了国家科技进步一等奖，并获得用户评选的"最佳国产微机"称号，倪光南也因此成为两度荣获国家科技进步一等奖的科学家。

从1989年研发销售联想主板到1990年开始研发销售联想微机，联想集团的核心产品逐渐从联想式汉卡过渡到联想系列品牌微机。正如倪光南预期的一样，联想式汉卡1994年开始进入下降期，到了1996年，联想式汉卡的销售基本结束。但因为联想系列品牌微机的出现，联想式汉卡的寿命依然延续了一段时间。可以说，从联想式汉卡到联想系列品牌微机，联想集团完成了核心产品的无缝衔接。

对于当时研发联想系列微机的情形，倪光南记得非常清楚。当时，中国的PC厂商因为有政府支持，所以能够在国内市场与跨国公司抗衡。联想集团进入微机市场的时间并不早，当时与联想并存的PC公司有长城、浪潮和东海等。

当时的联想集团并没有先发优势，之所以能够后来居上，在市场份额方面取得领先地位，主要是因为联想拥有微机主板自主设计的能力。同时，联想式汉卡的销售也对联想微机提供了一定的支持。正是这两方面的原因，让联想系列品牌微机在中国微机市场上站稳了脚跟，并逐渐成为中国微机第一品牌。

第二章 辉煌从"联想"开始

正因如此，倪光南很重视对产品的技术研发和创新。联想集团前期发展壮大的经历，正是用核心技术带动企业发展的最好例证。作为一位科学家，倪光南始终将技术创新放在产品研发的第一位，同时，他也认为只有这条道路才是中国高技术企业应该走的正确道路。

为此，倪光南决定继续研发自主核心技术。

1994年，倪光南与复旦大学、长江计算机公司达成合资建立集成电路设计中心的意向。中科院和电子工业部也承诺这项合作由联想集团牵头，组织有实力的计算机企业一起参与，从而制订一个国家投资计划。

倪光南对于这项工作充满信心，并相信这将成为联想集团一个新的核心产品，但这一次他并没有将该项研发工作进行下去。因为在联想发展问题上，内部产生了分歧。

有人认为，投资芯片项目风险和投入较大，并不是联想所能够应对的。这些人为联想集团规划的路径是先利用成本优势去占领市场，然后再去进行技术开发。这是一条"贸工技"的发展道路，与此前联想集团所走的"技工贸"正好相反。

对于联想走"贸工技"的道路，他们解释说："公司引入汉卡技术后，迅速产生经济效益，上下都很振奋。当时，产品质量既有新产品推出周期的问题，也有对配件进口的诸多环节不知水深水浅、匹配不当的问题……公司没有也来不及建立一套质量检测体系，使问题在到达用户之前就能发现并提前解决。后来，公司在各个环节及时进行了调整。在大家的努力下，汉卡生产逐步工程化、规模化，公司在经营理念上也进一步搞清了技术驱动与市场驱动的关系,对'市场永远是对的'形成了统一认识。"

倪光南是"技工贸"道路的坚定支持者,这既是作为一个科学家的眼光,也是此前联想集团成功经验的总结。他不懂这些人为什么要改变联想发展的道路,为什么要放弃技术去做贸易。在中关村这个地方,依靠贸易并不能取得长远发展。

内部分歧是无法调和的,联想集团不可能拆分成两个部分,一个部分走"技工贸"道路,一个部分走"贸工技"道路。为此,解决这种意见分歧的唯一办法就是让其中一个人失去提出意见的机会。

第三章 后"联想"时代的落寞

第三章 后"联想"时代的落寞

第一节 发展方向之争

在联想集团的发展历程中,倪光南等人都是核心人物。最初几年他们合作默契,共同克服了诸多困难和挑战,但1994年却因企业发展路线问题产生了严重分歧。

倪光南主张联想应该坚持以技术为先导,将芯片技术作为联想未来发展的主攻方向,走"技工贸"的发展路线,有些人则主张联想应该借助"中国制造"在成本上的优势走"贸工技"的发展路线。

当时,大多数人都站在了"贸工技"这一边,认为联想集团应该先利用成本优势去占领市场,然后再去进行技术开发。但近两年来,从中国计算机行业的发展现状来看,倪光南的决定似乎是正确的。

即使到了现在对于联想发展道路是否正确,依然存在着不少的争议。

坚持"贸工技"路线的人认为,联想能够从一家小公司发展到今天,如果没有依靠贸易进行原始积累,就不可能在当时的环境中生存下来,也就不

倪光南：大国匠"芯"

会有今天联想所获得的成就。

坚持"技工贸"路线的人认为，联想之所以走到今天这样如此被动的地步，就是因为缺少自主的芯片技术。缺少了技术作为推动力量，所以联想才会在后续发展过程中如此乏力。

但在联想的一些人看来，一个企业如果不把贸易做通了，再好的科研产品也没有办法卖出去。对于一个尚不成熟的科技企业来说，销售环节是必须要重视的。站的立场不同，所下的判断也就不同。

但在倪光南眼中，当时的联想正处于发展的上升期。联想式汉卡和联想微机在销售业绩上表现得十分出色，这两代核心产品为联想创造了巨大的经济效益。为了保持这种势头，联想必须继续加大对研发的投入，继续研究出先进产品，牢牢稳固住市场。这是一个科学家对企业发展的判断。

究竟是企业家的判断更加准确，还是科学家的判断更有远见，现在我们不好去评说。联想集团在此后的发展历程似乎能够说明这个问题。

从1993年到1998年，在这5年时间中，联想集团的年销售额增加了将近5倍。但从1998年到2003年，联想集团的年销售额只增长了一倍多。很显然，联想集团在发展上明显存在后劲不足的问题。

究其原因，就是在很长一段时间，联想集团都在进行产品销售，而没有很好地进行技术创新。到了2004年，这种问题就变得更为严重，当时的联想发展基本陷入停滞状态。

杨元庆成为联想集团CEO之后，提出了"技术的联想，服务的联想，国际化的联想"的口号。在他的带领下，联想集团逐渐加大研发投入，也开发出了高性能的计算机。在整合了IBM PC业务之后，联想的市场业绩取得了明显增长。

联想集团所走的这条"贸工技"道路似乎遇到了瓶颈，最终依然要依靠技术来推动业务的发展。

早在联想微机研发成功时，倪光南就认为联想应该对标英特尔公司，去全力开发芯片，这样就不会由于技术上的原因受制于他人。只有掌握了技术上的主动，才能掌握市场的主动权。

20世纪90年代初期，随着芯片集成度越来越高，英特尔公司开始进入微机支持芯片组市场，并且向PC厂商提供"公板"。英特尔的这一举措大大缩短了新CPU进入市场的周期，但同时也让其他厂商很难再去进行创新。

倪光南发现，在这种情况下，再去优化主板电路设计的意义已经不大，因为其中可增值的空间已经变得越来越小了。倪光南意识到，如果中国计算机产业在硬件方面不掌握集成电路芯片这个核心技术，计算机产业的发展就会始终受制于人。

2018年美国制裁中兴事件戳中了中国缺少核心技术的痛点。2018年4月16日，美国商务部发布公告称，美国政府将在未来7年内禁止中兴通讯向美国企业购买敏感产品。一纸禁令让中兴通讯的业务瞬间陷入瘫痪之中。

中兴通讯的主营业务包括基站、光通信和手机。其中基站中部分射频器件以及手机内的结构件模组等都可以达到自给自足，但唯独芯片在这三大领域中始终无法自给自足。为此，芯片部分只能依靠进口，而美国的禁止购买令一下子便扼住了中兴的喉咙。如果美国不松手，中兴就会逐渐窒息死亡。

倪光南：大国匠"芯"

这就是缺少核心技术受制于人的结果，也是倪光南最不想见到的结果。联想集团的崛起依赖于技术，如果在后续发展中放弃技术转向贸易，必然也会遭遇被人扼住喉咙的时刻。如果到了那时想要重新发展技术，就会失去原有的先发优势。

再次回到联想集团的发展路线上来看，当时选择"贸工技"路线难道错了吗？即使联想在此后发展中确实因为技术上的瓶颈失去了市场的先发优势，也不能就此断定当时所选择的"贸工技"路线是错误的。

有人对比了同时期的联想公司和华为公司。早在1995年，联想便已经拥有12亿元资产和3000多名员工，可以算得上是中国最大的计算机企业。而同时期的华为公司，在收入上还不到联想公司的25%。但从现在来看，华为公司已经成为了全球第一大通信商，在行业中的地位日益稳固，联想集团却远远落在了后面。

华为可以说是走"技工贸"路线的代表企业，它的成功似乎印证了倪光南的选择。现在我们可以进行这样的比较，但在当时却并没有任何先例能够进行比较。那个时期企业的发展大多是摸着石头过河，谁也不知道哪条路能走得通。

当时在联想发展路线上的分歧也是如此，两派都坚信自己的道路，但没有任何实例能够论证两条发展路线，更何况，即使有其他企业依靠这种路线走通了，也不一定代表当时的联想能够走得通。

所以再去讨论"技工贸"与"贸工技"的对错，其实意义并不大。"技工贸"与"贸工技"都是发展道路的问题，没有所谓的正确与错误，只有合适还是不合适。对于联想发展路线之争，局外人可以随便点评，轻易认同某一条路线，但是对于当事人尤其是倪光南来说，接受"贸工技"路线却并不容易。

倪光南：大国匠"芯"

第二节 "技工贸"的辉煌

汉卡造就了联想最初的辉煌，微机则让这种辉煌得以延续。汉卡和微机都是联想"技工贸"发展战略下的产物，而研发人正是倪光南。

在倪光南眼中，想要让联想集团一直保持辉煌，就要继续走"技工贸"道路，继续研发新的技术和产品。在联想微机之后，倪光南仍然在这条道路上前行。这一次他将目标定在了信息通信领域，启动了联想程控交换机项目。

倪光南认为在计算机得到广泛应用之后，计算机与通信的结合应该是未来的发展趋势。因此，利用联想集团的资金和技术实力去研究程控交换机是非常有机会取得成功的。到那时，联想就能够依托程控交换机再次取得辉煌，并从计算机领域进入信息通信领域。

1991年12月，由中国邮电工业总公司与解放军信息工程学院合作开发的HJD-04程控交换机通过国家鉴定。这也是中国第一个数字程控交换机机型。随后，倪光南感觉到计算机将会很快与信息通信结合，联想集团必须在这之

第三章 后"联想"时代的落寞

前完成程控交换机的开发。

程控交换机项目很快在联想集团通过，但在研发时，联想集团却没有对这个项目给予足够的关注。

1992年，中国房地产市场大热，现在的许多知名房地产企业都是从那时开始出现的。看到房地产市场大热，联想集团当时也开始了对"多种经营"的讨论。

联想高层希望从事房地产业务，紧跟时代，获取更大利益，这就是"贸工技"的发展路线。此后，联想便开始在烟台、福州等地购买土地，进行多业务发展。

虽然程控交换机项目得到立项，但研究经费却只有几十万元。联想集团在1992年开始组建了程控交换机部，着手进行联想程控交换机的研发。

倪光南将这项工作全权交给博士生罗争，自己只是进行一些辅导的工作。在当时，联想程控交换机项目是和华为齐头并进的，双方在最初的技术研发上难分伯仲，而联想在很多方面拥有的优势都是华为所不具备的。

1994年元旦，第一台联想程控交换机LEX5000在河北廊坊顺利生产出来。在推向市场之后，这台程控交换机卖了100多万，基本上将研发投入的费用都赚了回来。

在研发程控交换机之前，倪光南曾对罗争许诺："你开局成功我一定给你奖励。"对于罗争的成绩，确实应该得到奖励，但倪光南的承诺却也有些欠考虑。当时的联想集团，基本上没有奖励过研发人员，倪光南获得重奖是因为贡献过于突出。同时，倪光南虽然是总工程师，但却不能批钱，因此，倪光

倪光南：大国匠"芯"

南想要兑现这个承诺并不容易。

此前一直投身于技术研究的倪光南很少管这方面的事情，但为了联想程控交换机，联想程控部的员工已经整整奋斗了两年时间。在这两年时间里，员工们起早贪黑、加班加点，克服了重重困难。此次成功开局，对于后续程控交换机研发具有重要意义。正是因此，倪光南才主动提及要为员工们申请奖励。

因为没有批钱的权限，倪光南找到当时联想的财务总监胡靖宇。胡靖宇很支持联想程控交换机的开发，也同样觉得这些参与研发的员工应该得到奖励。为此，他与倪光南商量之后，决定奖励给员工2.8万元。

由于能批钱的人当时不在公司，倪光南和胡靖宇的批款申请被打了回来。理由是必须要有批准权力的人签字才能拿到钱，倪光南和胡靖宇的权限不够。倪光南想要在春节之前将奖励发放到员工手中，如果等待批示，可能就要到了春节之后。

最终，在倪光南和胡靖宇的坚持下，这笔款项还是在春节前发到了程控部员工的手中。但此后因为这次批款，又出现了不少的风波。2.8万元奖金到了罗争手中后，他并没有独享，而是将钱又分给了程控部的其他员工，自己只分得了3500元。

虽然技术研发的难度不小，但成功开局也算迈出了一大步。1994年7月，联想程控交换机拿到了入网证，可以进行批量销售。1994年11月，国家领导参观联想集团，在倪光南等人的陪同下视察了LEX5000，这让倪光南对联想程控交换机项目充满信心。

第三章 后"联想"时代的落寞

在研发成功LEX5000程控交换机之后,联想程控部打算继续加大投入,扩大程控交换机项目,为此制订了一个完整的发展计划。按照计划,如果程控部1995年到1997年研发预算的资金到位,那么1997年就可以获得将近3亿元的销售额,收获2000多万的利润。

倪光南很认可联想程控部的计划,中国通信行业刚刚起步,计算机与通信领域的结合是一个大趋势。当时国内做程控交换机的企业并不多,大多数企业都是在尝试,一些初创企业因为资金问题很难大规模投入研发,进展也很慢。

联想集团可以算是其中的佼佼者了,不光在研发方面,有一些专业的技术人才,在资金方面也是其他企业无法比拟的。如果加大投入,在LEX5000的基础上按照计划继续进行研究,占领中国通信市场并不是什么难事。

但联想集团程控交换机的研发却在LEX5000之后陷入停滞,不是规划不全面,也不是技术不到家,而是研发资金迟迟没到位。在当时,程控交换机这种产品的毛利超过40%,但市场上的买家主要是各地电信局,这就导致产品回款很慢,平均回款周期大约要一年。在这种情况下,企业要想扩大市场,就需要在前期投入更多资金。

联想集团并不是没有资金,只是因为"多种经营",程控部得不到充足的资金支持。在这方面倪光南是没有决定权的,他虽然能够跟其他领导"理论",却改变不了联想集团董事会的决定,当时的联想集团已经走上了"贸工技"的道路,"技工贸"的辉煌逐渐逝去。

倪光南并不想放弃,希望帮助程控部摆脱缺乏资金的困境。他与当时分管子公司的胡靖宇商量，想要将程控部改造成为子公司，将其从总公司中分离出来。在变成了子公司之后，程控部就可以自己去争取贷款，凭借联想的声誉和程控部的实力，争取贷款应该不成问题。

  倪光南想要继续用技术延续联想的辉煌，但却没想到这是他在联想的最后一次努力了。

第三节　辉煌落幕时

想出办法之后，倪光南等人迅速展开行动，推出了将程控部改造为子公司的方案。当时联想已经有不少分公司，有的控股，有的不控股，正因为有先例在，倪光南才认为这种方法行得通。

如果能够成功将程控部改造成子公司，那程控部申请来的资金就可以为自己所用。在申请资金这方面，倪光南很有信心。1994年倪光南向国家经贸委提出要研发ASIC芯片，领导部门很快就给倪光南下批了贷款作为启动资金。

现在进行程控交换机这个项目，直接面对的就是政府部门，想要获得有关部门的支持应该不成问题。如果程控部依然作为联想集团的一个部门，那就是即使得到了政府给予的贷款，最后的资金也不一定会用到程控交换机的研发上。如果是子公司，只要能争取来资金，就可以为自己所用。

倪光南很早之前就有一种想法，他想像西方那些高技术公司一样，让科技人员拥有股权。在他看来，这恰恰是西方高技术公司能够持续发展的一个

倪光南：大国匠"芯"

条件。联想在香港上市时并没有考虑这个问题，这让倪光南很失望。他想要通过将程控部改造成子公司的机会让科技人员拥有股权。

在倪光南的方案中，子公司由联想控股51%，剩下的资金由员工投资入股，一切按照《公司法》要求进行。1994年12月1日，倪光南等人的方案得到了联想高层的批准。

在给员工分配股份的时候，程控部的员工有限，骨干成员稍多一些，一般成员稍少一些。联想其他部门的负责人也得到了一些股份，其他员工也都争相向程控部要配额。很快，200万元左右的个人集资额度就用完了。

到了这个阶段，改造子公司的工作进行得顺风顺水。看到这种情形，倪光南感觉到联想的程控交换机项目有救了，只要顺利建立起子公司，程控交换机的研发工作就会继续进行下去。这是倪光南希望的，也是所有程控部员工希望的。

建立子公司的工作正在按部就班地进行，正当程控部要分发集资入股登记表时，这个项目却被突然叫停。此后，程控部改造子公司的计划在联想集团内部陷入一种不死不活的地步——没有直接被撤下，也无法再向下开展工作，这让倪光南非常着急。倪光南着急的并不仅仅是改造子公司计划的延迟，更多的是程控交换机市场的竞争越来越激烈，原本处于领先地位的联想程控交换机开始被后来者超越。这是倪光南不愿意看到的，他希望这一项目能继续发展下去。

联想集团在程控交换机方面最主要的对手就是华为公司。1993年，华为公司在研发程控交换机的过程中也陷入了严重的资金困境。当时的任正非虽然预感到中国房地产市场具有很大的升值空间，但却依然在程控交换机上压上了全部身家。

也是在1993年，华为公司经历了最为动荡的一年，但却成功研发出新一代数字程控交换机C&C08。在C&C08数字程控交换机研发的同时，华为公司的研发人员已经在考虑万门机的研发方案了。

对于这些，倪光南自然是看在眼里，但却只能急在心里。他很清楚，如果改造子公司的计划再继续拖延下去，即使最终建立了子公司，获得了资金支持，产品研发的进度也会受到很大影响。其他企业可能已经研发出第二代、第三代程控交换机产品，联想公司却才刚刚起步，这还有什么意义呢？

倪光南觉得不能再坐等下去，决定去寻求曾茂朝的帮助。这时的曾茂朝还是支持倪光南的，他提出一起写一个报告给联想董事会。1995年3月，这份以曾茂朝、倪光南和胡靖宇名义所写的报告送到了联想董事会。

但不知什么原因，这份报告并没有得到董事会的重视，倪光南最后的努力也化为泡影。据传，当时联想程控部得不到资金支持是因为"有亏损"。但从胡靖宇对程控部从1992年8月到1995年4月的财务情况调查来看，程控部的经营状况是很好的。除了应收账款问题较大，在全部开发投入都摊入成本的情况下，仍然有103万的利润。

最终调查结果显示，联想程控部从成立开始，经过短短三年时间，不仅收回了全部开发投入，而且为联想集团创造了286万元的纯利润，成为了联想集团的第二大部。

子虚乌有的"亏损"问题阻断了联想程控交换机的发展，倪光南的努力没有改变当时的现状。1995年6月30日,倪光南接到了联想集团的免职决定,至此,倪光南连努力的机会也失去了。在免职大会上,倪光南动情地说自己还在联想,还想为联想工作。

被免职后,倪光南依然留在联想,但却没有任何职务。直到1999年,倪光南才彻底离开联想。

第四节 唯一的总工程师

回想在联想的岁月，倪光南抱有遗憾，但也很知足。从最初进入企业开始，倪光南的身上就有科学家们共有的一些特质。对技术的执着、对主张的坚持，如果不被框于企业之中，这些特质似乎并没有什么问题。一旦进入了企业之中，科学家往往会表现出很多身不由己的地方。倪光南进入联想之前的"约法三章"就是为了避免这些情况的发生。

在联想工作期间，倪光南确实没接受过多少采访，也没有多少应酬，这使得他能够全身心地进行研究，接连研发出联想式汉卡和联想微机等产品。倪光南很适应当时的工作状态，即使大年三十也会为了赶进度拼命工作。这正是科学家对技术的执着。

凭着这种执着，倪光南为联想集团创造了辉煌的开局。让联想集团从一家小公司逐渐成为了中国计算机行业的领头羊。但也正是凭借着这种执着，倪光南让自己的"后联想时代"过得十分落寞。

倪光南：大国匠"芯"

在研发联想微机时期，倪光南在7型联想式汉卡中首次加入了自主设计的ASIC芯片，并且获得成功。他想要将这种成功经验移植到联想微机的设计之中，为此，香港联想的孙祖希和张岳松等人开发了VL总线和PCI总线的IDE控制芯片。最终这种芯片卖出了近百万张，虽然利润不多，但这却是倪光南自主研发芯片的一次成功尝试。

除了进行芯片领域的研发，倪光南还想要进行其他方面的尝试。

在1992年联想集团年会上，倪光南提出要创立程控交换机和中文激光打印机等项目，当时柳传志还没有反对这些项目的立项。

在中文激光打印机的立项报告中，倪光南提到："这一中文激光印刷机内部含有高性能控制器，以及固化的压缩中文字模，并具有专用的ASIC芯片，以便实时产生高质量的多种汉字字形，其印刷速度可与一般英文激光印刷机相比。"

对于程控交换机和中文激光打印机这两个项目，倪光南将其交给了团队中的年轻人。

联想激光打印机项目中的ASIC芯片LXCG9000由北京联想研发部的孙祖希、徐非和刘洪共同开发。这是一个汉字型发生器，一秒钟可以生成数百个汉字，能够大大提高汉字打印的速度。

当时的HP激光打印机打印一页汉字需要2至3分钟，加上了装有LXCG9000芯片的联想激光打印卡之后，HP激光打印机能够在1分钟内打印4页内容。随后，倪光南团队开始自己设计激光打印机的控制器，然后应用国外的机芯，从而开发出了联想自主品牌的激光打印机。

第三章 后"联想"时代的落寞

当时联想推出的一系列激光打印机，因为采用了自己开发的ASIC芯片和嵌入式系统，所以性价比很高。这为联想集团带来了极高的利润收入，随后在与国外大公司的竞争中，联想激光打印机逐渐成为国内激光打印机的第一品牌。

程控交换机的项目也是由倪光南团队的年轻人来完成的。当时联想集团组建了程控交换机部，倪光南将这个项目交给自己的博士生罗争来负责。倪光南要求他多利用联想在PC技术方面的优势来缩短开发周期，抢占市场。

按照导师的要求，罗争在设计LEX5000时很好地融入了PC技术。在设计程控交换机的呼叫处理器时，他采用了嵌入式286CPU，同时引入了PC的总线，而在软件方面，则采用C++进行编程。这样，PC上的各种外围设备和开发工具就都可以直接应用，在缩短产品开发周期的同时，还提高了产品的性价比。

当倪光南团队在研发程控交换机时，在中国的南部，还有一家企业在继续程控交换机和芯片的研发，这家企业就是华为公司。

1993年初，华为公司的销售业绩刚刚突破1亿元大关，而联想公司在1992年的市场业绩则超过了17亿。与联想公司投入几十万经费进行程控交换机开发不同，华为公司在JK1000交换机惨遭失败之时，将全部资金投入到了C&C08数字程控交换机的研发之中。这种置之死地而后生的魄力，在当时也只有任正非能够拥有。

由于将全部资金投入到项目研发中，华为公司很快陷入资金困境。许多员工都认为华为将会被这一项目拖死，但任正非却像一个科学家一样坚持做

倪光南：大国匠"芯"

下去。随后，华为公司在十分艰苦的情况下完成了C&C08数字程控交换机的研发。

倪光南始终关注着程控交换机市场的变化，华为公司的新一代数字程控交换机不断在市场中攻城略地。面对华为公司对程控交换机的改良换代，倪光南内心十分焦急。但此时的倪光南已经没有办法再像以前一样在联想集团放开手脚去研究了。很快，联想的程控交换机就被华为甩在身后。

为了继续进行自主芯片技术的研究，倪光南在1993年提出要筹建产学研结合的集成电路联合设计中心。随后在1994年，联想集团等三方签署合作意向书，决定在上海建立联合专用芯片设计中心，引进国外的先进技术，进行各种芯片的研发。

倪光南想要等待研发设计中心建成之后继续研发新技术、新产品，但最终他等来的却是一纸解聘书。当然，在此之前，倪光南已经对此有所准备。

1995年6月30日，联想集团六层会议室，联想董事会宣布解除倪光南总工程师和董事职务。倪光南没有很沮丧，他说："在任何一个岗位上都不会忘记这样一个大目标（科教兴国），而内心感到全心全意为这样一个大目标工作，永远是最幸福的人。"

在倪光南离开联想之后，联想集团再也没有设立过总工程师一职。倪光南也成为了联想集团唯一的一位总工程师。

第三章 后"联想"时代的落寞

第五节 中国IT行业的"九月风暴"

倪光南对权力不感兴趣，也无心在联想集团中呼风唤雨，他所关注和追求的只是技术和产品问题。倪光南不介意自己在联想集团的地位，但却在乎技术在联想集团中的受重视程度。

在自己被解聘的第二天，倪光南发表了一篇论文，断言中国的软件业将会落后10年。但很快，倪光南又改变了自己的态度，给联想集团董事会写了一封恳求信，在信中要求联想集团不要"解聘"自己的工作成果。在恳求信中，倪光南写道：

我接到了你们的解聘通知，请给我申诉的机会并请不要"解聘"我的工作成果。

我在担任公司总工的十年半时间里共做了两件大事。

一、继承在中科院计算所的十年技术积累，主持开发了联想式汉卡，于

倪光南：大国匠"芯"

1988年获得国家科技进步一等奖，它创造的经济效益和社会效益促使公司在1989年底从计算所公司改名为联想集团。

二、运用在中科院计算所研制8位微机的经验，主持开发了联想系列微机，公司从1989年起在国际市场上推出微机主板和扩展卡，1990年起在国内推出联想系列微机，在1992和1993年分别推出中国第一台486和586，于1992年获得国家科技进步一等奖。

1995年6月我被解聘后，在同志们的努力下，联想微机发展到了更高阶段。我在任职期间，组织同志们开发出了几十项拳头产品和国家级新产品，希望我的这些工作成果不要受到牵连。

虽然已经离开联想，但倪光南与联想之间的联系是无法阻断的。倪光南为联想留下了无法计数的宝贵财富，他离开时希望联想集团能够继续保留这些财富。

1999年9月，中国的IT行业并不平静。除了倪光南离开联想外，王选、张玉峰也相继离开自己曾经工作的企业。这些人的离职在中国IT业中掀起了一场风暴，这是中国IT产业历史遗留问题的一次爆发。

这并不只是简单的人事变动，更深层次的原因是企业家和科学家之间有关管理权限的划分问题。企业家与科学家的分手，并不存在谁对谁错的问题，这是知识与资本之间的对抗，是一种选择。

在创业初期，企业必须要靠技术发展才能占领市场，而当企业规模扩大之后，就需要依靠管理来继续促进企业的发展。这时候企业家与科学家之间的矛盾就会显现出来，正如在联想集团，联想一些高层领导坚持要走"贸工技"路线，而倪光南则要坚持"技工贸"路线。这种矛盾是不可调和的，联想集团必须要做出选择。

联想集团最终选择了"贸工技"路线，倪光南的黯然离开让联想失去了技术创新的主力。在倪光南看来，自己的那些研究成果只能代表联想曾经的辉煌，却不能给联想集团带来美好未来。但这时已经没有人再来听他的话了，倪光南算是彻底告别了联想。

第四章 方舟时代追梦"中国芯"

第四章 方舟时代追梦"中国芯"

第一节 "18号文"与《扶植高新技术企业的提案》

1999年,在有关专家的提议下,国家经贸委政策司和信息产业部组成联合小组,起草了相关芯片企业优惠政策条款。这些条款在2000年6月形成了《鼓励软件产业和集成电路产业发展的若干政策》,这就是最初的"18号文"。

此后,在2001年,"51号文件"《关于进一步完善软件产业和集成电路产业发展政策有关问题的复函》下发,作为对"18号文"的补充。根据"51号文件",财政部和税务总局制定了实施细则,对一些芯片企业实行税负达到3%的增值税实行"即征即退",同时还将优惠范围扩大到集成电路产业上游的设计企业和下游的制造商。

"18号文"以及后续文件的出台,为中国软件芯片产业发展提供了重要保证,促进了中国软件行业的发展。这些政策之所以能够顺利出台,与倪光南等科学家是分不开的。

倪光南：大国匠"芯"

1994年，倪光南在联想集团过得并不舒服，但他依然时时关注新技术政策的发展。

在当年的政协会议上，倪光南提出了关于"扶植高新技术企业的提案"，并提供了相关内容的附件。在这篇提案中，倪光南详细论述了为什么要对软件和集成电路产业降低增值税率的理由，引起了相关部门的重视。

在政协会议结束之后，几个部委一同召开了一个座谈会，仔细听取了专家的意见。此后在广泛征集意见的基础上，"18号文"于2000年正式出台。

在倪光南的"扶植高新技术企业的提案"中，倪光南等专家认为，在税制改革之后，国有大中型企业所得税会从55%下降到33%，由于取消征收"两金"，所以多数企业在税负方面并没有明显变化。

但对于当时正享受"四项优惠"减免政策的一些高新技术企业来说，如果取消优惠政策而去实行17%的增值税制度，就会大大增加企业的税负负担。这对于高新技术企业发展是十分不利的。

与此同时，倪光南还指出，实行增值税制度对于增值高和增值低的行业税负是不一样的。在这里，倪光南列举了软件产业中的微软公司和半导体产业中的英特尔公司作为例子。

微软公司是世界上最大的软件公司，也是当时计算机领域获利最多的企业。1992年，微软公司的年度总营业额为27.5亿美元，总盈利则为7亿美元。如果按照17%的增值税来交税，微软公司需要交纳的税额就达到了4.86亿美元。这样一来，微软公司的利润空间就会被极大压缩，这样也就难以继续投入大量资金去扩大规模，寻求更大的发展了。如果中国软件产业按照现行的

17%的增值税征收，会对企业造成很大的负担。

英特尔公司是当时世界最大的半导体公司，同时也是半导体行业中盈利最丰厚的公司。1992年，它的年度总营业额是57亿美元，总盈利超过了10亿美元。如果按照17%的增值税交税，英特尔公司就需要交纳近9.7亿美元。与微软公司一样，英特尔也会由于盈利空间被压缩而难以继续加大投入、扩大企业规模。换作中国的半导体企业，结果更是难以想象。

在提案最后，倪光南还提到了联想集团的情况。对于联想集团自己开发、生产和销售的产品中包含的软件、半导体集成电路芯片以及其他增值额很大的产品，如果实行增值税制度，免除"四项优惠"，那联想集团自制产品的税负可能会增加将近1000万元。

但联想集团如果作为外国公司代理而销售的产品，所需要交纳的税负则基本不会改变。这样势必会导致联想放弃研发而更多地去进行代理销售，这种改变不仅对于联想集团来说影响深远，对于中国高新技术企业来说更是后患无穷。

对于这种情况，倪光南将代理销售和自主研发进行了对比，他发现如果代理国外计算机，从进口后的分销价到最终零售价，其中的增值额约为15%，所以每台进口计算机需要交纳的增值税就是计算机售价的2.55%。

相反，如果自主开发、生产、销售计算机，从采购元器件到最终零售价，其中的增值额大约为30%。所以每台国产计算机需要交纳的增值税就是计算机售价的5.1%。这样看来，每台国产计算机都要比进口计算机多交一倍的增值税。

倪光南：大国匠"芯"

除了对比增值税额，倪光南还将代理销售和自主研发的投入进行了对比，最终得出自主研发计算机需要的投入要比做代理销售的投入大得多。

一方面自主研发计算机需要很大的投入，另一方面每一台自主研发的计算机还要比进口计算机多交一倍增值税。如果出现了这种情况，还有哪一个企业愿意去进行自主研发呢？在倪光南看来，这样会让中国的民族计算机工业处于一个不平等的竞争地位。

正是这种有理有据的细致分析让相关部门的领导意识到了问题的严重性，并很快将倪光南提案中的问题进行了讨论，提出了解决方案。在"18号文"发表之后的10年时间中，中国软件产业销售总额共增长了16倍。在这10年中，中国的软件产业不仅减轻了税负负担，同时还获得了与国外跨国公司公平竞争的行业环境。

2011年2月9日，国务院办公厅颁布了《进一步鼓励软件产业和集成电路产业发展的若干政策》。在这一政策中，国家对于高新技术企业的扶持力度更大，同时还新增了"对符合条件的软件企业和集成电路设计企业从事软件开发与测试，信息系统集成、咨询和运营维护，集成电路设计等业务，免征营业税"的条款。

在倪光南看来，这一政策实际上就是进一步鼓励软件产业和集成电路产业发展的主要政策措施，也是业界流传已久的"新18号文"的主要内容。倪光南认为"18号文"的效果非常好，它不仅为中国软件企业提供了很多优惠政策，更让中国软件业实现了质的飞跃，而这也正是当初倪光南提案的初衷。

第四章 方舟时代追梦"中国芯"

第二节 重启"中国芯"

随着"18号文"的出台,中国高新技术产业又迎来了一阵春风(上一次春风是国家体制改革)。倪光南自然对此最为在意,虽然已经离开了联想,他依然想要继续自己的科研工作。在所有技术产品研发中,倪光南最在乎也最想要进行的就是对计算机芯片的开发。

芯片一般是指集成电路的载体,同时也是集成电路经过设计、制造、封装、测试之后的结果。更多时候,芯片往往是一个可以立即使用的独立整体。

芯片和集成电路经常会被混合在一起使用,一般情况下,集成电路设计和芯片设计其实说的是一个意思。但实际上,这两个词汇虽然有联系,却也有着明显的区别。

集成电路的实体往往要以芯片的形式存在,狭义的集成电路只是强调电路本身,广义的集成电路可以包含芯片的含义。当我们要拿这个集成电路来应用时,它就必须是一个独立的实物,或者是将它嵌入更大的集成电路之

倪光南：大国匠"芯"

中，依托芯片来发挥作用。

从广义上来说，只要是使用微细加工方法制造出来的半导体片子，就可以叫作芯片，这里面并不一定要有电路。芯片组则是一系列相互关联的芯片组合，彼此之间相互依赖、依靠组合在一起发挥更大的作用。

倪光南想要研究的就是广义上的芯片。1983年，倪光南放弃在加拿大国家研究院的优厚待遇，选择回到中国时，心里所想的就是创造出属于中国人自己的芯片和操作系统。

当时中国正面临着发展第四代计算机缺乏超大规模集成电路芯片支持的困境，倪光南选择在这个时间回国，正是想要在芯片研发方面有所作为。

回国后不久，倪光南便加入了联想集团，成功研发出联想式汉卡和联想微机。在这个过程中，倪光南也进行过芯片方面的研究。

中国在第三代计算机集成电路研发上还能够跟得上其他国家的脚步，但在第四代超大规模集成电路的研发上却开始落后。因为没有超大规模集成电路，所以超大规模计算机也没法做下去。

20世纪80年代，中国虽然有汉字激光照排和联想式汉卡等技术成果，但大多只是计算机的一个扩展功能，并不是计算机主体。在倪光南看来，中国如果想要大力发展计算机产业，就一定要去做芯片。

想要做芯片，最基本的一个条件就是要有充足的资金投入。但对于企业来说，很少有哪个企业能投入那么多资金去进行芯片研发。

当时在联想，集成电路因为设计投入不大，所以可以做，但芯片的设计需要EDA软件和一些测试设备，这些设备都很昂贵。倪光南找到一些关系比较好的客户,借用别人的设计实验室和工具进行研发设计,这显然不是长久之计。

为了节省研发费用,有大半年的时间,计算所的研究员都在新加坡CHARTER公司的设计实验室做芯片研究。汉卡的芯片就是在这种情况下制作出来的,这个过程只花费了很少一部分资金。

在离开联想之前,倪光南和团队成员一共研发了5个专用集成电路ASIC,主要应用在汉卡、汉卡打印机和联想微机上,都取得了成功。

1993年,倪光南提出筹建集成电路联合设计中心,1994年与复旦大学和长江计算机公司达成合资建立芯片设计中心的意向,准备大力发展集成电路芯片,但这一举措因为没有得到联想集团的支持而付诸东流。随着倪光南在1995年被解除职务,联想ASIC芯片等项目纷纷被废止。

外界认为不理解倪光南为什么固执地坚持中国非要自己做芯片,为什么经历过失败和非议之后,还要继续坚持。对此,倪光南说:"我没去考虑这些事情,我们能够做的就是在一定条件下尽可能去争取,你如果仔细想一下,往往1.0不太好用,没人做就不去做了吗?那也得做。"

即使离开了联想集团,倪光南依然没有放弃对研发国产芯片的研究。离开联想后,虽然有很多公司向他抛出了橄榄枝,但倪光南却并没有轻易接受对方的邀请。一方面是倪光南对加入企业心存顾虑,另一方面则是还没有找到令自己满意的芯片研发企业。他需要找到一个可靠的人,一个专心从事芯片研究的人,他在等。

一天,一个名叫李德磊的男人找到倪光南,虽然算不上熟悉,但此前二人见过几次面。李德磊也在邀请倪光南加盟自己的企业，但与其他企业不同的是，他带来了一支让倪光南眼前一亮的芯片研发技术团队。这让倪光南对"中国芯"的热情一下子又燃烧起来。

第三节 方舟的"局"

谈到与李德磊的故事，倪光南说："你碰到的这些，不是你想要或者你愿意的，就像刮风下雨，你碰到，躲不开。李德磊不做高科技，炒房产，这是最初无法预料的。"

倪光南与李德磊之间的渊源，最早可以追溯到1981年，倪光南当时应邀前往加拿大国家研究院。在研究院工作期间，倪光南认识了与研究院有合作关系的阿尔伯特大学的戴维斯教授。1983年，戴维斯教授邀请倪光南到阿尔伯特大学访问，倪光南第一次见到了正在那里读研究生的李德磊。

但是在这次相遇之后，二人基本没再怎么联系过，倪光南并没有过于关注李德磊这个人。李德磊在获得博士学位之后，前往加拿大担任约克大学终身教授。1995年，李德磊前往摩托罗拉公司工作，经常回到中国，二人之间的联系也就多了起来，不过那时倪光南与李德磊之间还只是简单交往，并没有业务上的合作。

倪光南：大国匠"芯"

1997年1月8日，百拓立克公司在北京注册成立，这家公司就是方舟科技的前身。最初，李德磊在百拓立克公司并不占有股份，方舟科技的另一位重要人物胡铭增占股30%，李德磊的亲戚李洪泽占股30%，出资40万的赵建勋则占股40%。

百拓立克公司在成立之后，主要承接外包业务，李德磊是主要介绍人。最初的外包业务主要来自李德磊工作的摩托罗拉公司。1997年，李德磊离开摩托罗拉，加入日立（美国）半导体公司，担任微处理器设计总监的职务。这样一来，百拓立克公司的外包业务也从摩托罗拉转为日立（美国）半导体公司，主要从事基于日立芯片的相关业务。

但好景不长，日立公司日本总部突然停止了所有外包项目。不知道是因为发现了公司内部员工将项目承包给与自己有关系的公司，还是日立公司总部对外包业务产生了不同意见，结果就是百拓立克公司失去了主要的外包业务。

到这时，百拓立克公司已经培养起一支技术熟练的CPU队伍。现在失去了主要的业务支撑，百拓立克公司面临着被解散的风险。李德磊只得离开日立（美国）半导体公司，回到中国重整旗鼓。

2000年3月8日，北京中芯微系统技术有限公司成立，这家公司正是李德磊在百拓立克公司基础上建立起来的。在新公司中，赵建勋的股份减少，李洪泽的股份则被剥离，李德磊的弟弟和弟媳加入董事会，各持股35%，胡铭增依然保有30%的股份，作为新公司的法人代表。

重整完公司之后，李德磊便想到了倪光南。这时的倪光南刚刚离开联想集团，想要自主研发芯片的劲头也很足。找到倪光南之后，李德磊说：

第四章 方舟时代追梦"中国芯"

"原百拓立克公司的芯片技术团队培养起来不容易,就这么散了实在让人心疼。"正是这些话语影响了倪光南此后的决定。

面对当时中国信息产业缺芯少魂的现状,倪光南既痛心又无力。即使是久负盛名的科学家,靠个人力量也是无法解决这些问题的。倪光南想要研发国产芯片和操作系统,就必须要依托团队的力量。

中芯微的技术团队也确实让倪光南眼前一亮。当时中国研发高性能的CPU芯片技术难度很大,市场推广的难度更大。如果转作嵌入式芯片,加上现成的Linux操作系统,难度就会降低很多。在倪光南看来,中芯微技术团队基本上具备了自主研发嵌入式CPU的技术能力。

最初,倪光南并没有加入中芯微公司,但却将自己全部的热情倾注在了中芯微技术团队之中。倪光南不仅为其提供技术支持,同时还主动帮助中芯微寻找风险投资。

虽然已经没有了联想集团总工程师的头衔,但倪光南在当时依然很受业界尊重。出于对研发国产芯片的热情,倪光南在中芯微业务推广上也不遗余力,用自己的名誉为中芯微团队进行担保,最终打动了一位同样热心于自主芯片研发的深圳民营企业家。这位企业家直接为中芯微团队投资了2000万元,作为研发费用。

千禧之年,中国制定了"十五规划",开始大力发展高技术产业,其中集成电路和软件成为了主攻目标。与此同时,中国政府还出台了支持集成电路发展的"18号文"。中国芯片产业似乎遇到了"天时、地利、人和"的大好机遇,中芯微技术团队的出现,更让倪光南看到了希望。

倪光南：大国匠"芯"

重新回到技术道路上的倪光南似乎又找回了在联想集团的研发激情，只不过这一次，他更多将精力放在寻找研发资金和业务推广上。倪光南很清楚，当时中芯微公司的问题并不是技术团队实力不足，而是缺乏充足的研发资金和市场。

虽然并不擅长做这些方面的工作，但在倪光南看来，在当时的中芯微公司，这种工作也只能自己去做，也正是这个原因，倪光南开始了为中芯微四处奔走宣传的日子。

第四节 "方舟1号"横空出世

为了中芯微的芯片研究,倪光南不停地四处奔走。找钱、找政府、找资源、找人才,凡是能够出力的地方,倪光南一点儿也不含糊。付出了这么多,倪光南本人却没有索要一分钱、一份股。

在倪光南四处奔波的同时,中芯微团队的技术人员也在没日没夜地苦干。依靠倪光南找来的资金和设备,中芯微团队经过刻苦钻研,最终在2001年4月设计出中国第一片嵌入式芯片"方舟1号"。

"方舟1号"是一款0.25微米的32位CPU芯片,是一种采用自行设计体系结构面向网络应用的CPU芯片,具有速度快、成本低、集成度高的特点,其主频可以达到166兆赫,每秒能够执行2亿条指令。即使与国外同类型芯片相比,技术性能差距也不大。

"方舟1号"芯片只能在这种网络计算机上使用。在推出"方舟1号"芯片的同时,中芯微公司还推出了基于"方舟1号"开发的网络计算机NC2000。

倪光南：大国匠"芯"

在此之前，实际上北大等单位已经推出过中国自主设计的嵌入式芯片。但是"方舟1号"却是第一款可以进行商品化的32位芯片，其他嵌入式芯片还不能推广到市场中。虽然当时"方舟1号"芯片在技术上并不成熟，但它的出现依然受到瞩目。

为了更好地推广"方舟1号"，倪光南在2001年5月正式加入中芯微公司。

2001年7月10日，国家几个部委召开了盛大的新闻发布会。科技部高新技术与产业化司、信息产业部电子信息产品管理司、中国工程院学部工作部和中关村科技园区管委会分别作为各自部委代表出席。

"方舟1号"的技术鉴定团队更是阵容豪华。整个技术鉴定工作由中国工程院出面，前任院长宋健担任鉴定委员会主任，前任副院长朱高峰则担任鉴定委员会副主任。这种鉴定规格在中国工程院的历史上也是第一次，"方舟1号"刚一出世便被推上了神坛。

除了在宣传方面享受到高规格待遇，"方舟1号"在推广方面也得到了各种支持。北京市政府自掏腰包订购了几万台NC计算机，中关村管委会则以中关村软件园的名义入股中芯微5000万元人民币。

除了北京市政府对"方舟1号"进行大力支持，中央高层也对NC计算机的推广给予了支持。在2002年10月，国务院信息化办公室、国务院西部地区开发领导小组办公室、科技部联合实施"缩小数字鸿沟——西部行动"。这场行动的一个重点内容就是推广应用国产NC计算机以及基于Linux的软件产品。

国务院众多部门、西部地方政府和科研单位都加入了这场行动之中，中芯微公司因此获得了众多来自政府部门的订单。

第一款国产芯片的诞生似乎点燃了全国上下的热情，倪光南很乐于看到这种形势。很早之前他就认为，中国国产芯片和操作系统的研发想要取得成功，就需要政府部门的支持。只有这样，中国芯片产业才能逐渐壮大，追赶上发达国家的步伐。

倪光南很清楚，政府支持是国产芯片起步的关键。想要最广泛地推广国产芯片，还需要获得市场的认可。其实当时"方舟1号"芯片在技术方面还存在着很多不足，如果没有政府支持，推向市场并不容易，但倪光南依然凭借着自己的声望和信誉，为中芯微公司拉来了不少订单。

但倪光南的热情却并没有被李德磊收下。政府对NC计算机的巨大支持让李德磊的眼中只有政府采购，对于市场推广完全不在乎。倪光南拉来的订单直接被拒绝供货，这让倪光南感到既困惑又窘迫。

2002年12月9日，中芯微公司再次更名，变成了方舟科技（北京）有限公司。除了更名外，中芯微公司的人员结构也发生了变动。胡铭增离开，李德磊成为方舟科技的法人。

根据媒体披露，在当时方舟科技公司的股权分配中，公司法定代表人兼董事长李德磊以人民币现金37.52万元加场地和设备等入股，分得24.8%的股份；深圳市中纬实业发展有限公司法定代表人、董事长刘斌则以人民币现金279.44万元，占有21.06%的股份；北京中关村软件园发展有限公司法定代表人、董事长李保欣占股5%；李德磊的弟弟李德晶则占有剩余45.36%的股份。

倪光南：大国匠"芯"

第五节 "如日中天"的方舟科技

在将中芯微公司更名为方舟科技时，李德磊所想的可能是手中握有政府支持这张牌，企业就会像诺亚方舟一样，一路平安地向着远方驶去。政府支持确实让方舟科技的规模扩大不少，但并没有让它变得稳固。在经历了短暂成功之后，方舟科技开始逐渐走向失败。

面对着源源不断的政府订单，方舟科技如日中天。可以说"方舟1号"在问世之初就没有接受过市场的检验，好像一出生就受到父母呵护的孩子一样。虽然前期成长可以得到父母的照料，但如果不学习一些必备的生活技能，长大后就没办法好好生存。

方舟科技所犯的错误就是忽视了市场的作用。在"方舟1号"诞生之初，李德磊基本没有市场这个概念。最初，方舟科技甚至连市场部都没有，还是在倪光南与刘强的建议下，方舟科技才成立了市场部。

可即使成立了市场部，管理者缺少市场意识，也只是让市场部形同虚设。在方舟科技建立市场部之后，倪光南依靠自己的影响力为方舟科技拉来了客户。北京裕兴科技决定投入上百万元，放弃英特尔，开始使用方舟芯片，但方舟科技得到订单后，却给出了拒绝供货的回应。这是多么荒唐的举动。

电脑芯片一旦更换之后就会被套牢，方舟科技拒绝供货让裕兴科技十分恼火。由于对倪光南的信任，裕兴科技并没有与方舟科技签署合同，所以也没有办法走法律途径解决问题。此时倪光南又一次感觉到科研人员在企业无法做主的现实，这次事件让他十分难堪。

在此之后，方舟科技又以同样的方式拒绝了其他几家非政府采购客户。对于当时如日中天的方舟科技来说，非政府客户的订单再多也比不上政府采购，只要做好政府采购，就能够赚得盆满钵满，为什么还要浪费精力去做那些"小生意"呢？作为生意人，不管什么样的客户，都要认真对待，这是起码的常识，谁愿意自己的客户少呢！

在方舟科技看来是小生意，但对倪光南来说，这不仅是自己依靠人情关系拉来的资源，同时也是方舟芯片普及应用的关键。所以当接到方舟科技拒绝供货的回应时，倪光南很诧异，他不仅诧异李德磊有钱不赚，更诧异方舟科技为什么会放弃继续发展的机会。

当时的倪光南可能并不明白，方舟科技只是李德磊的个人公司，这家公司建立的目的也并不是为了将国产芯片研发进行到底。作为商人，赚钱是最主要的目的。国产芯片有市场就做国产芯片，国产芯片市场没了就转作别的业务，总之就是什么事情赚钱就做什么事情。

当然，倪光南选择加入方舟科技，并不是因为看中了李德磊，更多还是

倪光南：大国匠"芯"

看中了这家公司的人才储备和技术储备。对倪光南影响最深的则是对研发国产芯片的炽热情怀，他希望能够通过一个项目让方舟科技的人才队伍和技术储备向更高层次发展。

两个人都没错，只是选择的目标方向不同。这像极了当年在联想集团中出现的场景，倪光南与联想高层在发展路线上的分歧最终导致了倪光南的离开。这一次虽然过程略有不同，但结果都一样。

不同于倪光南与柳传志之间的关系，在倪光南与李德磊之间，并没有共同信仰，也没有共同利益。李德磊的目标是利益最大化，倪光南的目标则是让方舟科技的人才和技术水平更上一层楼，成为中国进行自主研发的支柱力量。

所以两个人合作的基础就是倪光南的目标能够满足李德磊的目标，如果倪光南的目标没有办法继续满足李德磊的目标，二人就失去了合作的基础。合作的决定权在双方，但选择权却在李德磊手中。

无奈的倪光南只得退出方舟科技。倪光南离开之后，方舟科技面对市场的销售活动基本告停，李德磊完全将宝压在了政府采购上。在"方舟1号"成功之后，国家对"方舟2号"芯片研发的信心大增，进一步加大了对方舟科技芯片研发的支持，包括中国科技史上著名的"863项目"以及信息产业部最大的科研基金项目，都向方舟科技公司投入了大量资金。

这时的方舟科技依然如日中天，但在高高升起的过程中，方舟科技完全忽视了市场的反应。即使是政府采购产品，想要推出新产品，也应该广泛收集旧款产品的用户反馈，然后加以改进，但方舟科技似乎只顾着往前冲，却忽视了这一点。

第四章 方舟时代追梦"中国芯"

倪光南虽然离开了方舟科技，却依然关注着国产芯片的发展。对于方舟科技的发展他并没有办法控制，但对于方舟芯片的发展，倪光南还是保有一定的信心。毕竟当时的方舟芯片依然是李德磊获利的唯一手段，所以倪光南对方舟芯片的发展有着不小的期待。但事后证明，这种期待到头来也是一场空。

第六节　方舟梦碎

中芯微公司更名，胡铭增被迫离开方舟科技，李德磊成为方舟科技法定代表人。同一时间，方舟芯片的问题也逐渐暴露出来。政府采购开始逐渐放弃NC计算机，这让方舟科技陷入无生意可做的境地。

之所以没有生意可做，原因在前面已经提到过。倪光南依靠个人信誉拉来的客户被方舟科技拒之门外，这让倪光南寒心，他只得离开。大多数市场上的客户都是看在倪光南的面子上才选择与方舟科技合作，现在倪光南离开了，再合作下去也没有什么意义。更何况，在方舟科技负责人眼中，这些市场上的客户并不重要。

李德磊没有预料到市场形势的变化，方舟芯片虽然有政府支持，但在市场上的表现并不好。倪光南对这一点看得很清楚，所以想要通过市场反馈来继续进行调整，但随着他的离开，这项工作也被搁置了。

一方面，采用了方舟芯片的NC计算机主要基于Linux工作环境，在连接互联网之后，同样需要服务器端的支持。但在服务器端，Wintel（微软和英特尔）联盟是主导者。在Wintel联盟的主导下，NC内嵌的Linux工具软件无法使用。因此，NC计算机在互联网环境下会受到很大限制。许多推广NC计算机的学校都因为NC计算机无法使用而要求政府采购PC。

对于这一问题，倪光南曾想过解决的办法，但想要真正落实下来，却需要漫长的时间准备。因此，在当时的条件下，方舟科技并没有能力一口气解决这个问题。

另一方面，虽然有政府领导支持，NC计算机在政府市场的推广也不那么顺利。当时，北京公安局为了证实NC计算机无法使用，专门请了一批清华专家进行鉴定，而其他地区的一些政府采购负责人也无法理解政府采购为什么非要用不好使的设备。

所以从推广层面上来看，即使有政府支持，方舟芯片和NC机的处境并不乐观。随着NC计算机暴露出来的问题越来越多，政府采购逐渐抛弃了方舟科技。政府一放手，许多与方舟科技合作的公司也纷纷停止和方舟的合作。就这样，到了2004年，方舟科技已经走到了崩溃边缘。

这些都被倪光南看在眼里，虽然方舟芯片的问题很大，却并非一无是处。所以在技术方面，倪光南认为方舟芯片还有继续改进和完善的空间。更何况，政府采购虽然逐渐淡出，可国家依然为方舟科技批下了不少资金，依靠这些资金进行研发，也能够取得一定的效果。

但让倪光南想不到的是，2005年2月，在方舟科技的员工大会上，李德磊向员工表达出要做小灵通的想法，同时还强调小灵通的芯片每年都能卖出上

倪光南：大国匠"芯"

千万片，几年下来的纯利润就有上亿美金。

大多数人不理解李德磊的做法，认为当时的方舟科技并没有足够的科研实力去拿到小灵通的芯片外包业务。而且，当时做小灵通最为出名的UT斯达康都已经难以为继了，很难想象方舟科技可以在小灵通市场有所作为。

倪光南也不认可李德磊的这一决定。他认为方舟科技既然拿着国家的钱，在国家的支持下开展科研工作，就应该为国家科技发展贡献力量，而不应该拿着国家的钱过分追求自己的经济利益。

在放弃"方舟3号"的研发工作时，李德磊提到，并不是方舟科技放弃了研发工作。用他的话说，当时方舟科技与科技部签订的合同要求是两款CPU的研发和流片，但在研发过程中，他们发现有一款CPU已经被市场淘汰。通过研发另一款CPU可以完全替代这一款产品，因此才放弃了对前一款的研发。

当然，也有传言说"方舟3号"是因为不符合科技部的合同要求而放弃研发的。不管是什么原因，李德磊都已下定决心放弃对方舟芯片的继续研发。这不仅让方舟科技芯片研发团队心寒，更让倪光南愤怒不已。

倪光南认为，如果芯片项目做不出来可以理解，但滥用国家科研基金就不能容忍了。倪光南的愤怒是理所应当的，一家业务乏力的公司，竟然能够有资金去建造大厦，这不得不让人怀疑。

在方舟事件后，倪光南对自己进行了深刻反思。作为资深科学家，他能够看得清技术上的问题，但看不清人的问题。技术很复杂，但还都能够解决，人也很复杂，却没办法解决。

倪光南为自己看错人感到自责。为此，在2006年，倪光南为当年请求国家支持方舟进行芯片研发向科技部"负荆请罪"。

倪光南在方舟科技的芯片梦破碎了，之后再也没有加入任何公司，却一直在为推广国产操作系统、芯片、软件而奔走。

据说，倪光南无奈离开方舟科技时，一些人抱着幸灾乐祸的态度看倪光南的笑话。他们也许认为，倪光南又一次输了。殊不知，十几年后，历史终于证明倪光南是正确的。

倪光南：大国匠"芯"

第七节 "芯片无市场论"

对于方舟芯片的了解，李德磊可能完全不如倪光南。在最初进行研发时，倪光南就发现了其中的问题。为此，倪光南打算设计一个新的IT产业框架，借此来绕开Wintel联盟（微软和Intel联盟）。

当时，倪光南打算使用方舟CPU，搭配Linux操作系统，通过"云+端"的解决方案来替代Wintel架构。这一工作听起来激动人心，但操作起来却举步维艰，其中的困难根本不是一家公司能够克服的。

对于方舟团队来说，最难的并不是方舟CPU的研发，而是如何绕开国外公司的专利保护。当时的方舟团队做X86体系的技术难度并不高，但如果走这条道路，那后面将会碰到很多英特尔公司的专利技术。所以最终的结果可能是高性能的CPU可以做出来，但也可能因此被英特尔公司告到倾家荡产。

所以，倪光南选择的技术路线是走RSIC结构（即"精简指令集计算机"，其指令格式和长度通常是固定的，且指令和寻址方式少而简单，大多

第四章 方舟时代追梦"中国芯"

数指令在一个周期内就能够执行完毕），做成嵌入式芯片，这样就能够绕过X86体系。

除了核心元器件在研发上的困难，造硬件和公板也很困难。

当时对于方舟团队来说，造出了自主研发的CPU只是一小步。剩下的工作正常来说应该交给第三方工作室来制作公板、产品创意和产品原型。但在当时，中国大多数电子企业都没有能力围绕一块CPU去开发产品原型，大多是由英特尔或相关设计公司做好公板，再在他人的公板基础上开发。

这样一来，方舟团队在做完CPU之后，还需要建立硬件团队，围绕自己的CPU去做产品原型。解决了这两个困难之后，自主研发的CPU和产品原型都已完成，可以向市场推广了。

但在使用过程中，第三个问题却是方舟团队怎样也无法解决的。

做出了CPU，做出了产品原型，完成了产品，但却没有配套软件可以使用。前面的工作能够由一家公司完成，配套软件的工作却真不是一家企业能够解决的。当时，倪光南选择Linux操作系统就是为了绕开Wintel联盟，但绕开了Wintel联盟，就需要再去在Linux系统上研发相应的应用软件。

倪光南很清楚，想要完成这个工作需要经历较长一段时间，仅仅依靠方舟科技一家公司并不能够完成。但从整个中国信息技术行业来看，总要有人从第一步做起，做好了第一步，才会有人继续在前人的基础上探索下去。

倪光南的预测很准确，方舟科技在芯片研发方面虽然没有走出一条成功的道路，却为后来者提供了可借鉴的经验。曾在方舟科技工作的刘强在离开方舟科技后，创建了北京君正，研发出的君正芯片就是最好的实例。

倪光南：大国匠"芯"

倪光南对于国产芯片技术发展的预测很准确，但对李德磊的预测却并不准确。李德磊的改变让倪光南感到很吃惊。不过也可以理解，商人无利不起早，逐利是企业存在的根本，要怪就怪倪光南太单纯了。

在方舟科技陷入困境之后，李德磊认为自己最初并没有看清市场，以为国产NC有市场。同时，李德磊在放弃对"方舟3号"芯片研发的同时，还到处宣扬这种"芯片无市场论"，并且认为"方舟3号"质量不行。

倪光南不明白，为什么李德磊会认为"方舟3号"质量不行，方舟芯片为李德磊带来了如此多的荣誉，为什么在最后会被当作垃圾。技术上的问题，多加思考后能够想清楚，但对于这方面的事情，倪光南怎么想也想不通。

到这时倪光南才发现，方舟科技已经偏离了芯片研发的路线，再也造不出中国自己的芯片了。很多人认为在方舟事件中，倪光南只是一颗棋子，利用完之后便被抛弃。倪光南并没有过分追究这件事，他在乎的是国产芯片研发的问题。

在方舟期间，倪光南是在为国产芯片研发工作，并不是为某个个人或团体工作。即使离开了方舟科技，倪光南依然在为国产芯片发声，这已经成为他一生的工作。所以，至于方舟的经历是否愉快，倪光南并不在意，更多的只是努力尝试后心有不甘而已。

第五章 执着前行,坚定发声

第五章 执着前行，坚定发声

第一节 对 internet 时代的潮流预测

进入新千年，倪光南似乎真的跨越了千年时间。如果说到他在联想期间的经历，换作别人可能真要度过千年才能达到。当然对于倪光南来说，联想已经成为过去，辉煌也随之化为尘埃。他要扫开这些"尘埃"，继续前行。

与之前不同，这一时期的倪光南放弃了"闭门造车"式的研究，转而开始四处奔走宣传新时代的信息产业潮流。他想要让更多人知道当前的现实以及未来的趋势。

2000年互联网迅速普及，在互联网的冲击下，PC已经被赋予了新的内涵。有人认为世界已经进入了"后PC时代"。但在倪光南看来，当时互联网的发展，总体趋势应该是向着"互联网时代"发展。

倪光南认为"后PC时代"的内涵要远小于"互联网时代"，"后PC时代"应该算是一个过渡期，他认为"互联网时代"下的PC概念可以有两种理解。

一种看法是将PC理解为Wintel结构的计算机，当时的PC已经不仅仅是个

倪光南：大国匠"芯"

人计算机了。最初的PC只有一个4.88MHz、16位的8088CPU，只能够进行一些简单的文字处理工作，因此被称作个人计算机也很贴切。

但到了2000年，AMD和Intel推出的1GHz的CPU能够达到每秒10亿次的处理能力。装配这种CPU的PC已经完全可以作为一个企业服务器来用了，但这些计算机却依然被称为PC。

倪光南认为PC这个概念并不在于它是否被用作个人计算机来使用，而是在于它是否是Wintel结构。这也是PC的一个主要特征。

另一种看法则是将PC理解为桌面计算机和笔记本计算机等传统的计算机。从这个意义上来说，PC的主要特征是在20多年的发展过程中传统计算机所具有的体系结构、外形、功能和使用方法等。

倪光南指出，无论将PC看作哪一种含义，在互联网时代，它们都会继续存在和发展下去。虽然会受到互联网的巨大冲击，但在互联网时代，PC仍然具有重要的地位，同时也拥有极大的市场。

对于在互联网时代企业应该如何运用和看待PC，倪光南认为，在IT领域的各种产品、技术和服务中，PC在互联网上都扮演着重要的角色，尤其是互联网上提供的内容和服务都依赖于PC的强大处理能力。

因此，PC企业如果仍然把自己定位为"PC企业"，就会十分危险。即使是Intel和Microsoft也早就不将自己当作是"PC企业"了，越来越多的企业将自己的前途与互联网联系在一起，这已经成为当时的一个主要趋势。

对于互联网对PC造成的冲击，倪光南认为主要体现在两个方面。

第一个方面是PC的Wintel结构受到了挑战，开源码Linux的出现对Windows

构成了极大威胁。

1988年，Windows NT的份额是38%，Linux占16%，NetWare占23%，Unix占19%，其他的则占4%。但在1999年，虽然Windows NT的份额没有变，但Linux的份额变成了25%。Linux份额的增长远超过其他任何一种操作系统。

同样，在客户端方面，1999年的Linux也增长到了4%，这种发展速度是很快的。倪光南认为，之所以Linux还无法动摇Windows的地位，主要是因为在Windows平台上积累了大量的应用软件，这种差距并不是简简单单就能够弥补的。

Internet时代的到来为Linux提供了一个绝佳的机会，同时也预示着Linux在服务器领域可以有一番作为。

第二个方面的冲击是对PC作为个人计算工具和主要联网手段地位的挑战。倪光南认为信息家电和手机将会在互联网时代成为人们联网的主要手段，因此，中国IT产业必须要重视信息家电的发展。

对于互联网时代，中国PC产业需要找到合适的出路。倪光南认为，调整信息产业结构、掌握核心技术是中国PC产业的必经之路。只有这样才能确保信息安全，也才能从根本上提高PC产业的竞争力。

对于信息家电产业的发展，早在2000年倪光南就有预言。他认为无论是传统的家电企业还是PC企业，都应该看到信息家电的前途，更何况中国信息家电市场很广阔，市场前景非常可观。

倪光南当时所说的信息家电，也就是现在我们经常提到的智能家居。1999年，中国信息家电中仅手机这一项的销售量就达到了PC销售量的3倍。当时中国的网民数量只有900万，大多还是通过PC联网，但现在近8亿互联网网民中，使用手机联网的网民占比达到了98.3%。

在倪光南看来，这正是Internet所带来的机遇。由于Wintel的垄断，中国的PC产业附加值会越来越低，因此，信息家电产业可以作为中国IT企业的一个努力方向。但在这个过程中，自主研发是一个关键环节。

信息家电中的主要芯片是嵌入式CPU，其与PC所用的Intel结构的CPU有很大差别。在制造PC用的高性能CPU方面，中国的技术实力还略有不足，但信息家电中的嵌入式CPU却是完全可以做出来的。

从现在智能家居产业的发展现状来看，倪光南当时的预测十分准确。

第五章　执着前行，坚定发声

第二节　打破 Wintel 的垄断

提到Wintel，不了解计算机行业发展历史的人可能会一头雾水，了解计算机行业的人则会对其咬牙切齿。这种"咬牙切齿"并不是憎恶怨恨，而是欲取之而不得的不甘。倪光南就是Wintel的"忠实反对者"。

倪光南曾多次提到中国计算机产业要打破Wintel的垄断，采用Wintel体系必然会在操作系统和芯片这两项核心技术上受制于人。这样既没有办法保障网络的安全，也没有办法保障产业的发展。

Wintel指的是Windows-Intel架构，是Microsoft Windows操作系统与Intel CPU所组成的个人计算机，同时也指代微软和英特尔之间的商业联盟，这一联盟垄断计算机桌面端长达20多年时间。依靠英特尔公司的摩尔定律以及微软Windows系统的更新换代，双方从下游生产商手中赚取了大量利润。

Wintel在PC领域的影响之大，是其他技术所无法比拟的。在硬件技术发展还不完备时，微软的操作系统和英特尔的CPU就已经形成了一定的技术体系。这种体系在很长一段时间都无法被打破，这也影响了中国计算机产业的发展。

在倪光南看来，Wintel对信息领域的影响很大，它既是一种技术体系，又是一种竞争格局。作为技术体系，它已经成为了PC的工业标准，而作为竞争格局，它又意味着微软和英特尔对PC行业的垄断。

倪光南所说的这种垄断并不同于一般意义上的垄断。他认为最初波音公司和空中客车公司各占有一半的民航机市场，这样可以说它们垄断了民航机这种产品，但微软和英特尔只是垄断了PC行业的某个层面，并没有垄断PC这个最终产品。操作系统和CPU都只是PC这种最终产品中的一部分而已，所以除了这两部分，其他人还可以从事其他的工作。

但在计算机领域工作的人都知道，PC中技术含量最大、附加值最高的部分就是操作系统和CPU。可以说，谁掌握了这两部分的关键技术，谁就掌握了PC的命脉。

与大多数计算机厂商一样，作为技术从业者，倪光南对于Wintel的感情也是复杂的。一方面Wintel确实是当前的顶尖技术水准，即使微软和英特尔形成了一定意义上的垄断，依靠的也是实打实的技术实力。这是一种智力上的胜利，同样作为技术研发者，倪光南对此是认可的。

但从另一方面来讲，很多计算机厂商辛辛苦苦制作出来的PC，销售到用户手中，再提供支持服务，最后一算，从每台PC上得到的利润还不如微软公司从每个操作系统上收取的版权费多。这样想来，确实让人心里不是滋味。

倪光南很清楚，技术不如别人，收益自然也就不如人家，这一点接受不

第五章 执着前行，坚定发声

了也得接受。他很认可微软公司在为自己辩护时说过的"软件业是一个'赢家取得一切'的行业"。这是因为软件具有很强的继承性，一般产品的更新换代往往会采取实体更换，也就是用新的替代旧的，有了新的，就可以抛弃旧的。

但软件不同，软件主要以版本升级作为更新换代的主要手段。新版本在很大程度上必须要继承旧版本，并且在旧版本上还要有所发展。软件中的操作系统是其他应用软件运行的平台，一旦在其上面开发了大量应用软件之后，用户就很难再去更换平台，这就使得软件的继承性变得很强。

倪光南指出，相比于普通产品，软件具有超常规的规模效益。普通产品的规模效益大多来源于批量增大后采购成本的降低，与此同时，固定费用摊销后在单个产品上分摊的比例也会有所降低。

但是，软件的生产成本基本为零，它的成本主要是固定费用的摊销。这样一来，随着销售量的增加，整体成本就会相应降低。当规模达到一定程度时，就可以取得超额利润。也就是说，一个成功的软件利用它的继承性和规模效益更容易获得垄断地位。

随着传统PC业务下滑以及平板电脑和手机的出现，Wintel联盟承受着极大的压力。在倪光南看来，Wintel和其他事物一样，都有一定的寿命，到达顶峰之后，就会出现下滑。倪光南提出了Wintel联盟所面临的6个方面的挑战，分别是内部裂痕、司法干预、竞争计划、新兴技术、对手联盟和另辟蹊径。

随着平板电脑和移动设备的兴起，微软宣布新的Windows操作系统将支持ARM处理器。ARM处理器正是英特尔的竞争对手，这便让Wintel联盟产生了裂痕，而高通和安卓的联盟正在崛起，这些都已严重威胁到了Wintel联盟的安全。

在倪光南眼中，另辟蹊径应该是中国计算机产业应该探索的道路。方舟期间的NC机就是一次不错的尝试，虽然结果并不理想，但倪光南认为这条路还是走得通的。如果中国企业不抓紧进行自主研发，那Linux的主要市场依然会被其他强势厂商占据。到时候，中国计算机产业就又要在新的"联盟""体系"中被动地跟着别人走了。为此，倪光南认为越早进行自主研发，成功的可能性也就越大。到时候，即使不打破Wintel的垄断，也能够绕开它，获得更高的经济效益。

第五章　执着前行，坚定发声

第三节　发展自主操作系统的必要性

早在20世纪90年代，倪光南便强调中国要发展自主操作系统。在倪光南看来，发展自主操作系统是为了维护中国软件产业以及整个信息产业的利益。如果不摆脱对国外操作系统的依赖，中国的软件厂商就会陷入无休止的价格战之中。

在1992年，一份DOS操作系统的版权费是10美元，只占整机的0.5%左右。但到了1998年，一份Windows操作系统的版权费用就占到了整机价格的3%。如果是小公司购买Windows操作系统的版权，其费用比率更是高达10%。

同样是在1992年到1998年，硬件的性能提高了10倍之多，而价格却下降了将近一半，然而操作系统的性能并没有大幅提升，版权费用却上涨了许多倍。这样一来，PC的价格出现了下降，但操作系统的费用却并没有减少，这就使得PC生产的利润分配严重不均。PC厂商想要获得更多利润，就只得以量取胜，而达到这一目的的最直接方法就是价格战。

倪光南：大国匠"芯"

中国PC市场广阔，但PC公司的利润大多都被微软公司拿走。如果不发展自主操作系统，不打破微软在操作系统上的垄断，中国PC产业的发展依然会呈现出"给别人打工"的景象。

由于没有自主操作系统，中国各大应用软件公司也需要跟着微软公司的脚步走。谁也不会比微软公司自己的软件部门更早知道下一步的操作系统将会怎样发展，所以在应用软件方面，中国的应用软件公司在与微软的应用软件部门之间的竞争中处于不利地位。

倪光南认为很多安全技术和措施往往都忽略了操作系统本身的安全性问题。各种各样的杀毒软件，其所查杀的更多是应用软件中的各种问题，对操作系统的安全却不过问，甚至很多病毒和木马侵入到用户的PC中，就是通过操作系统自身的漏洞。

倪光南指出，像Windows这样庞大的操作系统，源码不公开，对于用户来说就是一个"黑盒子"。用户根本无法对其内部进行分析，所以这种操作系统是否安全，里面是否被埋下了什么机关，用户都无从得知。

一方面是盈利性的考虑，另一方面是安全性的考虑。倪光南指出，为了保障网络及信息安全，为了软件产业以及整个信息产业的利益，为了争取应用软件开发的主动权，中国必须要去研发自主操作系统。

在这方面，倪光南认为Linux操作系统的崛起，为中国发展自主操作系统提供了机遇与条件。倪光南认为Linux操作系统的可贵之处就在于它的性能优越、非常稳定，而且还免费开放源码。随着互联网的发展，越来越多的人参与到对Linux的调试和改进工作中，这也让Linux的性能越来越高，越来越稳定。

倪光南认为中国应该基于Linux来发展自己的操作系统，简单来说就是将开放源码的Linux作为自主操作系统的核心。具体来说，主要进行以下五个方面的工作。

第一方面，采用Linux作为自主OS的核心，并免费使用和取得源码。采用Linux需要遵守普遍公用许可证制度，按照这一制度的规定，对Linux核心的任何改进，源码都必须开放、返回Linux群体。这样不仅能够节省数十亿元版权费用，拥有源码还能够保证网络及信息安全。

第二方面，在Linux核心的基础上，可以按照特定的环境和需求来定制成OS的"发布版本"。应用Linux核心可以根据实际需求产生发布版本，以此来适应不同的应用环境。

对于这些"发布版本"，可以自行销售，获取利润，同时还可以捆绑各种支撑软件和应用软件一起销售。

第三方面，围绕Linux进行开发、增值和集成工作。不仅包括对OS核心的改进，同时还应该增加驱动程序和设备支持，开发运行于Linux平台的中间件和应用软件等。这些自行开发的部分，都可以拥有知识产权。

第四方面，加强对Linux的技术支持和服务，将会让更多企业参与其中。

第五方面，发展Linux培训工作，对于推广Linux具有重要作用。通过在大学中设立Linux课程，可以培养Linux专业人才，为Linux的推广打下坚实基础。

倪光南还指出，Linux没有得到广泛普及，一方面是因为技术方面的支持还不够，另一方面则是因为市场上还没有形成一种适于Linux发展的生态环境。因此，想要在中国推广Linux，需要建立起Linux的技术支持服务体系，同时还要建立起公众对于Linux的信心，而这些不是凭倪光南一己之力可以做到的，它需要很多人为之努力。

第四节　国产操作系统为何难普及

Wintel联盟难以打破，国产操作系统难以普及，其中的关键问题并不仅仅是技术上的，更多的是生态系统方面的问题。

在中国市场，微软操作系统的市场份额超过了90%，而国产操作系统的份额却只有3%左右。倪光南认为，出现这种现象的原因并不是国产桌面操作系统在技术和体验上与微软系统存在巨大差别，国产操作系统与微软系统最主要的差距主要表现在生态系统方面。

倪光南指出："中国信息通信业几十年的实践已经证明，真正的核心技术是买不来的，也是市场换不到的。中国发展到现在这个阶段，连比较重要的技术人家都不会给你，更不要说核心技术了。"

倪光南认为核心技术是"国之重器""定海神针"，关系到一个国家的核心竞争力，因此不能随意开放，随意买卖，所以那些核心技术必须依靠自己去研究。

倪光南：大国匠"芯"

操作系统就是一项重要的核心技术。当前全世界各式各样的智能终端层出不穷，已经达到了百亿量级。桌面终端就是其中之一，桌面终端操作系统则是一项核心的信息技术。桌面操作系统与网络安全、信息安全有着重大关系，而当前，全球桌面终端操作系统市场基本都被Windows垄断。

简单来说，谁掌握了桌面操作系统，谁就能够轻松掌握桌面电脑所产生、存储和传送的海量数据。作为信息系统的重要组成部分，其在很大程度上决定了系统的安全。在倪光南看来，想要让信息安全得到保障，就要更多使用具有自主知识产权的国产桌面操作系统。

倪光南指出，现阶段国产桌面操作系统已经与国外产品相差不多，一些较大规模的示范应用表明，国产软硬件构成的信息系统已经达到了"能用"阶段，正在向着"好用"阶段发展。

现阶段，国产桌面操作系统之所以难以大面积普及，一个根本原因就在于生态系统的构建上。这也是国产操作系统与微软操作系统的主要差距所在。

倪光南提到："Wintel联盟的Windows之所以能够垄断操作系统市场，就是因为他们推出了统一的标准，几乎所有的外设、应用程序都能够做到即插即用、即装即用。中国芯片厂商有六七家，操作系统企业有不到十家，大多各自为政，这样一来，排列组合有几十种软硬件方案，很难实现外设和应用程序的兼容。"

正是这种原因导致了国产桌面操作系统在普及应用上的困难。倪光南认为，想要解决这些问题，就要打造出自己的Wintel联盟来统一标准。他指出，中国在信息技术方面的起步较晚，因此很难像Wintel联盟一样，由两家巨头企业来引领整个行业。正是在这种背景下，倪光南等人才发起成立了"中国智能终端操作系统产业联盟"，以此来推动国产操作系统的发展。

对于市场上出现的主张通过与微软合资，以"技术合作"的名义获得"Win10政府版"模式，倪光南认为绝不可行，他认为这是为了绕过政府禁用Win8的禁令，将Win10带入到政府和重要领域的一种伎俩。其目的就是抢夺国产操作系统最后一块阵地，让Wintel联盟继续占领中国市场。

倪光南指出，即使在这样的"技术合作"模式下，由于Win10并不开放源代码，微软也将保留所有关于Win10的技术知识产权，所以中国企业没有办法在短时间内掌握其技术，最终依然会走到花钱买技术产品的老路上，而在这个过程中，还会面临各种网络安全风险。

因此，倪光南认为，在进行这种"技术合作"之前一定要认真分析评估通过这种方式是否能够真正获得先进技术，否则一旦开始这种"技术合作"，就有可能会被对方控制、套牢。这对个人、企业来说，可能并不算大事，但对一个国家来说，却是一件不可忽视的事情。

第五节　软件和芯片是电子信息领域的核心技术

2002年,倪光南在一次讲话中指出了中国软件业存在的问题。他提到中国IT制造业的规模虽然很大,但利润很低,其原因就在于没有自己的核心技术。在他看来,软件和芯片是中国IT业必须要发展的核心技术。

为此,倪光南专门以PC产业为例进行了分析。由于PC的产业链被Wintel架构所控制,其所获得的利润占PC产业利润的50%,而中国PC企业更多只是进行加工,规模很大,利润却很微薄。硬件制造商的利润率大概只有2%,这些硬件制造厂商如果想要获得利润,就要通过价格战,将对手挤出市场,然后独占那本就微薄的利润。

此外,由于处理器和操作系统都是别人的,还可能会出现安全隐患。在操作系统中可能会留有"后门",而在CPU中则有可能留有"逻辑炸弹",这样信息安全就没法得到保障。一些企业为了避免信息安全受到威胁,不得不内网和外网分离,一个企业弄两套网络,不仅不便于工作,也会大大影响工作效率。

倪光南认为解决这些问题就需要掌握IT的核心技术，最主要的就是软件技术和集成电路技术。这些核心技术不同于一般的技术，它们具有更高的附加值。而想要掌握这些核心技术，单纯发展一般技术是没意义的，必须要投入大量资金和精力去进行科学研究，同时还要注重对IT专业人才的培养。

倪光南强调，建立自主完整的软件体系，将会增强我国软件的国际竞争力。更为重要的是，这样还可以摆脱发达国家利用市场和标准方面的优势，扼杀中国信息产业的创新能力，帮助信息产业实现跨越式发展。

很多人认为中国可以通过引进外来技术，消化吸收之后再去进行创新。在倪光南看来，这是一条可行的道路，但在面对核心技术的时候就很难走通。对此，倪光南说："全世界用Wintel，哪个国家拿到了Wintel的技术了？拿到了这个授权吗？没有，不光是中国，包括美国在欧洲的盟国、日本、韩国等，全世界任何国家都没有拿到有关Wintel的知识产权和授权。"

所以，那些核心技术是要不来、买不来、讨不来的。正是基于这个原因，中国想要在信息领域取得发展，必须要进行自主创新来突破这个核心技术，而其中的关键就是软件技术和集成电路技术。

这个过程中需要克服很多困难，不仅有技术上的困难，还有一些非技术性困难。甚至很多时候，自主研发所投入的费用往往要比购买现成的技术多很多，但从长远来看，这种投入是必不可少的。

对于这一点，倪光南说："（这些人）不知道没有科技创新的支撑，这个市场你是赚不到钱的，所以我觉得，我们不仅是克服资源界或者是技术界

倪光南：大国匠"芯"

给你带来的困难，我们要创新也要克服我们思想上的障碍，没有树立自主创新的观念，没有艰苦奋斗、自力更生的观念，也是搞不好创新的。"

2006年，《中长期科学技术发展规划纲要》出炉，纲要中规定从2006年到2020年，重点发展16项重大专项。在这些重大专项之中，"核高基"就是其中一个。对此，倪光南说："这个核就是核心电子器件。高则是高端通信，就是一般常说的CPU芯片。基就是基础软件，主要就是以操作系统为主。"

在倪光南看来，这一政策的出台，意味着国家要构建一个由国产CPU、国产操作系统构成的体系。他认为如果不是构成一个完整体系，在这个体系之外，技术可能没有多大价值。所以从这个角度来讲，在推进这个专项的时候，要始终牢记，"核高基"是为了发展自己的体系，这一专项的每一个参与者都要注意这一点。

作为电子信息领域的关键技术，软件技术和芯片技术是必须要进行自主创新的。这些技术的投入是看得到的，但产出却无法估量。自主研发软件技术和芯片技术是一项长期工程，必须要持之以恒。正如倪光南所说，没有艰苦奋斗、自力更生的观念是搞不好创新的。

第六节　发展软件产业是"重中之重"

谈到高新技术发展，早在联想时期，倪光南就很看重软件技术的发展。相比于硬件需要进行高成本的投入，软件产业并不需要昂贵的仪器设备，几乎完全依靠人的智力。

21世纪初，如果说哪个企业对人类的影响最大，在倪光南看来，既不是大名鼎鼎的可口可乐，也不是占民用飞机市场份额一半的波音公司，而是发展了十多年员工总数不到2万人的微软公司。因为当时世界上80%的电脑都需要依靠微软公司的Windows软件作为操作系统才能运行。

这样一来，微软公司产品的性能和推出时间就会影响到世界上绝大多数电脑和网络系统，同时也会影响到大多数人的日常生活和经济活动。倪光南认为软件技术还会继续发展，哪里需要智能，哪里就会需要软件，人类生活的每个方面都离不开软件。

倪光南指出，除了人们的正常生活会受到软件产业的影响外，未来的战

倪光南：大国匠"芯"

争也有可能会从"软件战"开始。通过运用特殊的软件来让对方的计算机网络瘫痪，这样就能做到不战而胜。因此，从国家的角度来看，软件产业的发展也必须重视。

在1998年，微软公司的市值已经达到了2000亿美元，但当时微软的员工总数还不到两万人。这样算来，一个微软员工相应的市值就超过了1000万美元。倪光南认为这正是充分体现了智力在发展软件产业中的价值。

中国拥有13亿多人口，如果能够将人口数量转变为人口质量，为软件产业提供智力支持，那中国的软件业将会迅速进入世界前列。但从现状上来看，中国软件产业想要跻身世界前列，还需要走很长的道路。

倪光南认为，中国软件产业发展缓慢的一个重要原因就是对智力资源的利用不足，中国软件人员的整体素质并不比其他国家差，世界上也公认中国人适合去搞软件，但从21世纪初的几年来看，中国的软件市场中，除了一些与中文信息处理相关的软件外，更多是西方公司的软件产品。中国的人力资源还没有转变为智力资源。

计算机软件可以分为两个大的类别，一类是系统软件，另一类是应用软件。系统软件常与硬件相关联，构成一个平台，应用软件可以在这个平台上运行。

倪光南指出，由于开发系统软件的投入大、周期长，系统软件市场已经被少数大公司所占据。中国软件企业想要从这方面与国外公司展开正面竞争是非常困难的，并不是说无法成功，只是可能要投入更多的资金和精力。

但应用软件领域就不一样了。每一个特定的应用都需要有特定的应用软件，基于此，倪光南认为在应用软件领域有很大的市场空间。而且，中国经济的高速发展为应用软件提供了广阔的国内市场。

比如政府部门、金融部门、商场企业的业务系统，车间工厂的控制系统，企业的办公系统，学校的教育系统，公众的娱乐软件，这些应用软件都有很大的市场需求。不仅在21世纪初这些应用软件的市场广阔，到了现在，这一市场依然没有饱和。

虽然应用软件的开发要比系统软件轻松很多，但真正影响软件产业的还是系统软件，应用软件需要在系统软件的基础上才能发挥相应的作用。如果系统软件平台掌握在别人手中，应用软件的发展也会受到限制。

所以想要让软件产业取得更大的发展，系统软件这个坎就一定要跨过去。但即使到现在，中国依然没有属于自己的操作系统，这似乎真的成了中国软件企业难以跨越的一道坎。

对于中国软件产业的发展，倪光南认为应该采取一些特殊的措施。在将信息技术作为高新技术发展重点的同时，应该将软件产业作为"重中之重"，给予特别的扶持。

倪光南认为，想要让软件产业得到迅速发展，就要在政策方面对它开"小灶"。在一篇文章中，倪光南提到了一些对软件产业的扶持措施。其中包括"建立指导软件产业发展的专门机构""制定发展软件产业的全面规划""给软件产业以足够的投资力度""制定切实可行的、针对软件产业的优惠税收政策"等内容。

在倪光南看来，中国软件产业的落后只是暂时现象，中国巨大的智力资源总有一天会在软件产业中发挥出它的威力，对此倪光南十分期待。

第七节　政府采购影响中国软件业发展

对于中国软件产业的发展，除了需要市场和技术，还需要掌握好政府因素。在倪光南看来，政府采购在很大程度上影响着中国软件产业的发展。

这一论断出自倪光南在企业信息化高级论坛暨全国第十二届CAD/CG学术会议上所做的报告。在报告中，倪光南指出，中国政府在2004年的采购将会达到96亿元，如何运用好这批巨大的采购，对中国软件产业的发展具有决定性意义。同时，倪光南还指出，国家在推广信息化工作时，不能"重硬轻软"。

倪光南所说的"重硬轻软"指的是在信息化工作中，重视网络基础设施建设和计算机硬件设备的购置，忽视系统开发和软件开发工作。这种观念会导致信息化流于形式，难以发挥真正的作用。

对于这种"重硬轻软"观念产生的原因，倪光南进行了深入分析。他指出在计算机发展初期，软件并没有显示出重要的地位，当时的硬件研发是主角，软件研发充当配角。但随着计算机信息化程度不断加深，软件的地位变得越来越高，面对这种情况，就应该及时改变"重硬轻软"的观念。

软件的地位之所以越来越高，是因为软件是知识的结晶，相比于硬件存在物理上的极限，软件的上限要更高。软件产业十分注重自主知识产权，其在很大程度上决定了一个国家的信息安全和综合国力。美国作为世界头号软件大国，在21世纪初，软件的本国提供率就达到了97%，而中国当时的本国软件提供率只有30%。

对于中国软件企业的发展道路选择，倪光南也提出了自己的观点。他认为印度在最初进行的"软件出口"，主要是为美国软件公司进行加工，其并不拥有最终的软件和知识产权。中国的软件企业也应该发展外包加工业务，但应该将更多的注意力放在国内市场。

倪光南认为，当跨国公司将中国市场视为未来最大的软件市场，全力以赴进军中国市场时，中国的软件企业应该依托地缘优势和对方展开竞争。如果将主要力量依然放在海外软件代理加工上，就是一种舍近求远的做法。

倪光南指出，中国软件产业可以采取内需拉动、整机带动的方针。利用中国自身巨大的内需市场，支撑自主软件市场的发展，从而形成中国软件产业自己的发展模式。在倪光南看来，通过这种模式的带动，中国软件产业完全可以摆脱软件代工的困境，赶上印度的水平。

政府推动软件产业发展的最主要措施就是实行政府采购。倪光南指出，中国政府采购的规模和范围都在逐年扩大。1998年中国政府采购规模为30亿元，1999年则为130亿元，2000年为328亿元，2001年则达到了600亿元。到了2016年，中国政府的采购规模达到了3万亿元。

倪光南：大国匠"芯"

倪光南认为，21世纪初的几年，中国政府的采购规模与发达国家相比还存在一定的差距。这也表明中国政府的采购规模将会在未来出现很大的增长，而在这些数额巨大的政府采购中，软件采购占据着重要位置。

倪光南指出，在2001年，中国政府的软件采购支出为40亿元，只占中国软件总体市场的14.1%，而世界上其他国家政府软件采购可以占到软件总市场的30%以上。因此，倪光南得出结论，认为中国政府在软件采购方面还会有很大的增长。

如何运用好政府采购帮助中国软件产业发展，是政府机构需要考虑的一个重要问题。同时，中国软件企业如何能够从跨国公司的进攻中生存下来，是需要中国软件企业自身的努力。通过技术攻关，研发具有自主知识产权的软件，才能够稳固企业的发展根基。在倪光南看来，这是中国软件企业获得发展的捷径，同时也是长久生存的必由之路。

第八节　力挺 UOF，反对微软标准

2008年4月2日，"开放文档协会"公布消息称，国际标准化组织（ISO）已经投票通过微软OOXML成为国际标准。这也意味着自ODF成为ISO行业标准之后，其有力竞争对手OOXML也成了ISO行业标准。在倪光南看来，这一变化将会帮助微软获得更多政府合同，并对其竞争对手的文档标准造成严重打击。

倪光南始终反对微软OOXML标准加入国际标准行列，他认为这会让微软进一步扩大在计算机行业的垄断。倪光南指出，文档作为使用最普遍的信息资源，使得文档格式标准成为了信息领域的一个基础性标准。

从20世纪90年代以来，微软Office软件垄断了市场，其文档格式也就成为了一种"事实标准"。但这些格式是不开放的，用户必须依赖于微软的软件，而这之中包含着很多用户不知情的私密信息。从这个层面上来看，用户并没有真正掌握文档信息的控制权。

对于文档格式的发展，倪光南提到，在2002年，开放文档格式（ODF）

倪光南：大国匠"芯"

联盟和OASIS标准组织便制定出了开放文档格式ODF。这一文档格式的最大优势在于可以让不同程序、平台之间自由交换文件。ODF格式的文档在很多年后依然可以被最新款的任何一个办公软件打开。

同样在2002年，由中国科学院软件研究所等科研院所和许多国内办公软件企业组成的中文办公软件工作组推出了国产标准UOF。

在2006年，国际标准化组织就已经将开放文档格式ODF确立为国际标准，随后微软公司向国际标准化组织提交了自己的相关标准OOXML并顺利进入快速通道。此后，微软公司开始在全球范围内积极"拉票"。

在文档格式标准领域中，中国的UOF已经成为国际标准的ODF和微软OOXML的强劲对手。倪光南表示，文档格式标准最后只会是一种，尽管当时各种文档格式标准都提到了融合的观点，但在一个相当长的时期中，OOXML、UOF和ODF都不能在实用系统中共存。

倪光南指出，具有自主知识产权的文档格式标准UOF的重要性与当时的TD-SCDMA一样。TD-SCDMA可以带动整个中国通信产业的发展，而UOF则可以带动中国国产软件，甚至是整个IT产业的发展。

倪光南认为，文档格式国际标准之争，实际上就是由谁来制定软件领域的游戏规则。微软本可以与其他企业一起在ODF和UOF的基础上发展一个统一的国际标准，但现在微软却想要将自己的OOXML作为新的国际标准与ODF国际标准展开竞争。在倪光南看来，微软此举正是想要以OOXML来一统XML文档格式的天下。

事实上，如果ODF和UOF能够融合为新的国际标准，将会打破微软对实施标准的垄断,这样在文档相关领域,所有企业就能够展开公平竞争。这时候每家厂商就只用去兼容一个国际标准,而不是兼容微软一家的文档标准。

倪光南认为微软OOXML不足以成为国际标准,并提出了一些重要的理由。

首先,OOXML只支持Windows一个平台,因为无法在Linux等非Windows平台上使用。因此,如果OOXML成为国际标准,那微软对操作系统的垄断就会更加严重。

其次,在OOXML中包含着大量的微软私有标准和技术。排除那些相关的国际标准,其中还有许多技术内容,如果OOXML得到认可,那其他厂商想要研发同类产品,就需要绕过OOXML中的各项专利技术。

再次,当时的OOXML只能使用微软Office 2007来实现其全部功能。从当时来看,除了微软Office 2007,没有哪个产品可以实现OOXML的全部功能。这也使得OOXML与ODF、UOF的转换器或互操作性是不对等的,因此,当OOXML成为国际标准后,微软Office在办公软件领域也将会取得垄断地位。

最后,从中国的角度来看,倪光南指出OOXML对于文化和语言的支持不够,并不适合中国应用的需求。

正是基于这些层面的考虑,倪光南才认为微软XXOML不符合成为国际标准的准则。他认为ODF和UOF要更加成熟,因此,中国应该支持ODF和UOF的融合,反对OOXML成为国际标准。

最终在2008年3月29日结束的第二轮投票期间,微软获得了86%的投票国以及75%的P级成员国的支持。其中中国、印度和俄罗斯投了反对票,而美国、英国、德国、日本则投了支持票。这一结果表明,OOXML成功通过了投票，成为国际标准文档格式。

对此，倪光南在《坚定不移地推进中国国家文档格式标准UOF》一文中写道："据报道，欧盟反垄断部门正就微软申报OOXML为国际标准中的不正当竞争行为进行调查，建议我国有关部门也对微软在中国的类似行为进行深入的调查。"

同时，对于国产UOF文档标准的发展，倪光南表示："我们必须坚定不移地推进UOF标准，带动中国办公软件、操作系统、CPU等核心技术和产业的发展。"

同时倪光南还建议，中国可以效仿丹麦、荷兰等国家，在公共信息系统中强制采用开放标准的做法，要求采用开放的国家标准UOF，对另外两个国际标准ODF和OOXML实行标准开放性评估，如果通过了开放性评估和认证，就可以共存采用。

第九节　XP系统停止服务是一个"重大的信息安全事件"

2001年10月，微软发布了Windows XP操作系统，在2014年4月8日，微软公司完全停止为XP系统提供补丁和安全更新，在此之前，微软公司便提醒用户尽快对自己的Windows XP操作系统进行升级。

在倪光南看来，Windows XP停止服务是一个"重大的信息安全事件"，他建议中国的XP用户不要升级到Windows 8系统，并在采访中提出了对Windows XP系统停止服务后出现的问题的解决方法。

微软停止XP服务意味着其将不会再对XP系统的安全问题负责，这就为依然使用XP系统的用户带来了很大的安全风险。倪光南认为，微软此举正是希望XP用户尽快从XP系统转移到Windows 8系统所采取的策略。

为证明这一点，倪光南以《2012年度中国软件盗版率调查报告》的数据进行了说明。《调查报告》中的数据显示，当年中国的PC中，XP系统占有的市场份额为73.5%，也就是说当时中国使用XP系统的电脑大约有2亿台，而在

倪光南：大国匠"芯"

这2亿台电脑中，又有84.2%的操作系统没有升级到Windows 8操作系统。

倪光南指出，当时绝大多数中国的XP用户都希望继续使用XP系统，微软公司的决定并不符合中国PC用户的愿望。因此，微软公司停止XP服务的做法将会让中国绝大多数用户的电脑失去安全屏障。正是在这一层面上，倪光南认为"XP停止服务"是一个重大的信息安全事件。

倪光南并没有把眼光局限在这一事件上，他看得想得都更加长远。他认为中国在应对这一事件时应该做出长远打算，不仅是为了解决眼前的这一事件，而是为了加强信息安全。现在微软公司停止了对XP系统的服务，那以后，在更长远的时间，如果微软公司停止其他操作系统的服务，中国的用户还需要继续被"牵着鼻子走"，去选择微软公司推出的新操作系统。

倪光南认为虽然中国是世界上智能终端的最大制造国，但这些智能终端所使用的操作系统却都掌握在国外企业的手中。如果这种局面不得到改变，那智能终端制造的利润和发展就会受到影响。而从大数据角度来看，用户数据掌握在别人手中，信息安全也无法得到保障。

对于微软此种举动是否合理，倪光南并没有进行过多评价。他认为争论微软的做法是否合规并没有太大意义，应立即采取措施，应对可能到来的风险才是真正有意义的事情。对此，倪光南认为应该从长远角度去思考解决方法。

一方面，倪光南认为首先应该防止Windows 8系统进入政府领域和重要行业。早在Windows Vista系统发布时，有关机构的专家就确认这种系统架构会让用户的电脑被微软公司高度掌控。基于此，Windows Vista并没有被列入政府采购目录之中。

现在，Windows 8与Windows Vista的架构类似，而安全风险也远超过后者。因此，这一操作系统更不应该被引入到政府部门或重要行业中。

最终，Windows 8系统也没有被列入到政府采购目录中，倪光南的这种解决方法得到了实现。

另一方面，倪光南认为应该接管对XP系统的支持服务，从而保证在微软终止支持XP后，用户继续使用XP系统的电脑而不出现严重的安全问题。

为此，倪光南认为应该在中国国家信息安全漏洞库的支撑下，集中信息安全领域的力量一同攻关，并且采用自主创新的可信技术进行安全加固。这样，当微软停止对XP系统提供服务后，可以推出具有公信力的"安全云服务"，接管近2亿台XP系统电脑的服务支持。

第三个方面，倪光南认为一个根本的解决措施就是自主研发能够替代XP的国产操作系统，以及创造相应的生态环境。无论选择使用国外的哪种操作系统，国内的信息安全都得不到保障。想要从根本上加强信息安全，就要研发有自主知识产权的系统。

经历了联想和方舟的挫折，倪光南自主研发的信心并没有丧失。虽然在此之后，倪光南没有加入任何一家公司，但他却将自己对中国信息产业发展的意见都说了出来，供决策者借鉴。

这一时期的倪光南更像是一个斗士，他高举着自主研发的旗帜，站在中国信息产业发展的最前沿。生命不息，前进不止，即使到了今天，已经年逾古稀的倪光南依然在关注并谋划着中国高技术产业发展的新未来。

第六章　论中国科技的新未来

第六章　论中国科技的新未来

第一节　中国开源软件需要化解三大难题

在首届中国开源云计算大会上，倪光南发表主题演讲。演讲除了提到中国开源软件在国际上的贡献度在提升外，还提到了中国开源软件发展所面对的各个方面的问题。最后，倪光南认为，中国开源软件发展必须要化解三个方面的难题。

在介绍中国开源软件发展情况时，倪光南指出，从开源软件Linux Kernel 3.17来看，补丁包数如今已经有12183个，这些补丁包来自40个国家的开发者。按照个人贡献来进行排序，其中6.71%是中国开发者贡献的，除了排名第一位的不明国籍群体外，中国仅落后于美国和德国，排在第四位。从这一排行可以看出，中国软件开发应用人员为开源软件做了不小的贡献。

与此同时，倪光南还提到，如果按照贡献者的公司来进行排序，中国贡献者大多是在外资企业工作，中国的公司只有华为的贡献较为突出。这就是说，从整体上来看，中国企业对开源软件的贡献远不如外资企业。

倪光南：大国匠"芯"

当前中国软件从业者超过了500万，如果按照这个规模来计算，实际的贡献率还是很低的，这也表明中国开源软件的普及程度需要进一步提高。

对于中国开源软件的发展，倪光南认为主要有三个方面的问题需要解决。

第一个问题就是认识观念的问题。当前中国还有不少人存在着一种错误观念，就是认为开源并不是创新，将创新和开源对立起来。这些人认为开源软件就是低劣免费的东西，是在抄袭别人的东西，其实这是对开源和创新的一种错误认知。

我们常说的创新既有原始的从无到有的创新，也有引进消化吸收之后的再创新。通过开源软件依然可以进行创新，而且开源还能够促使我们更加有效地实现开放创新和协同创新。

第二个问题是优化环境问题。开源软件的发展需要良好的环境做支撑。为此，政府部门应该制定明确的支持政策和鼓励政策，用户也要多接触那些优秀的开源软件。开源软件的环境问题在全世界范围来看，都是比较普遍的。

第三个问题是资金支持问题。一方面是国家还没有专门设立支持开源软件发展的项目和经费，这就使得开源软件的总体研发投入不足。另一方面，国家还没有任何优惠政策来支持各界用户积极使用开源软件。政府资金和投入不足，社会资金难以跟进，这就导致开源软件发展得不到充足的资金支持，从而无法形成热潮。

在倪光南看来，这些问题并不是无法解决的，只是在当前情况下还依然存在。开源软件的发展是一个缓慢的过程，其间会遇到各种不同的困难。只有克服这些困难，开源软件才能够更好更快地发展。

在演讲中，倪光南还提到了开源与信息安全的问题。信息安全作为当前中国信息产业发展和信息化建设中的一个重要问题，在倪光南看来，开源软件的开发和应用有利于解决信息系统的自主可控问题。

开源是一种开放模式、商业模式和服务模式，虽然和信息安全之间并不能画等号，但采用开源软件却可以用最低的代价来达到自主可控的目的。

倪光南指出，阿里、腾讯、百度等公司早已经开始将系统架构在开源软件上，正在积极不断地探索和发展开源软件平台，这是一个好的趋势。现阶段阿里、腾讯、百度都已经推出了自己的云计算平台，并开放给其他参与者，这正是开源软件发展的大趋势。

倪光南认为中国想要更好地发展开源软件，除了要支持企业去进行尝试，还要多培养一些"开源人才"。说到底，开源软件的未来取决于"开源人才"的数量和质量。很长一段时间，中国高校的IT教学更偏向于Windows平台，这并不利于培养学生的自主创新能力，同时也不利于推广开源软件。在倪光南看来，高校的IT教学应该从向Windows平台倾斜逐渐转向开源软件平台倾斜。

开源软件改变了以往人们使用某些私有软件要付出重大代价的现实，任何遵循开源协议的人都可以使用开源软件，并推动开源软件的发展。倪光南认为，在中国的现代化进程中，开源软件是必不可少的，只有大力推进开源软件，才能更好地融入开源软件的潮流之中，确保自身的网络安全。

倪光南：大国匠"芯"

第二节　网络安全的核心是技术安全

关于网络安全的话题，倪光南在一场信息安全年会上发表了主题为"网络安全的核心是技术安全"的主旨演讲。在演讲中，倪光南不仅对网络安全问题进行了分析，还提出了从根本上解决网络安全问题的方法。

倪光南认为，"中兴事件"带给我们最大的教训就是安全阀安全风险和供应链风险同样严重，供应链也是安全的一个部分。关键技术是讨不来的，从短期来看，从市场上购买一些技术产品的性价比很高，但我们没办法保证其安全性，一旦出现问题，后果就会很严重。

为了证明这一点，倪光南列举了操作系统中的几大安全风险。

倪光南认为传统操作系统的安全风险主要有8个方面，这8个方面并不一定全面，也不是规定的标准，但却都是客观的，也是真实存在的。

第一个方面是容易被监控。斯诺登事件让我们看到，无论是个人还是政府，都存在被监控的风险。很多病毒软件，都可以被用来进行监控。

第二个方面是容易被劫持。微软黑屏事件就是最好的例子。

第三个方面是容易被病毒攻击。在互联网上，计算机中病毒是十分常见的事。

第四个方面是被停止服务或禁售。

第五个方面是证书、密钥失控。

第六个方面是无法进行可控的加固。

第七个方面是无法打补丁。

第八个方面则是无法支持国产CPU。由于对一些操作系统没有知识产权，所以无法使用国产CPU，也没办法形成中国自己的体系。

说到这里，倪光南指出，Win7和Win10就是因为这些才没有通过网络安全审查。Win10具有上述全部风险，而Win7则除了第五和第六个方面外，其他方面都存在风险。

相比于Windows系统，国产Linux操作系统的主要风险是被病毒和木马攻击。因此，倪光南认为一些重要的部门最好使用国产操作系统，Win10系统则是最好不要使用。这些忠告重要部门大多听进去了。

倪光南认为，在核心技术研发方面，中国虽存在短板，但也拥有长板。

在介绍短板之前，倪光南对ICT企业的市值排行进行了分析。其中，美国的苹果公司位列第一位，中国的腾讯和阿里巴巴位于第五和第六位。华为公司不在其中，是因为其没有上市。

在倪光南看来，如果把华为公司加进去，其水平大概可以排在世界第二，他认为这是一种很客观的评价，既没有过分夸大，也没有低估。此外，

倪光南：大国匠"芯"

三星公司排在第八位，日本的公司还没有排在前列的。这就是信息网络领域的一个总体情况。

在具体的短板方面，倪光南认为主要可以分为两个方面。

芯片是第一个方面。"中兴事件"所暴露的就是芯片的问题，这是一个很大的产业链。倪光南认为中国在芯片设计方面并不存在短板，但在芯片制造方面却有明显的不足。因此，中国企业在进行芯片研发时，可以将重点放在芯片制造的相关产业上。

基础软件则是第二个方面。基础软件不仅包括操作系统，还包括大型的工业软件。在操作系统方面，Windows系统垄断了桌面端，而安卓和苹果系统则垄断了手机端。在大型工业软件方面，包括工业设计、工业仿真等制造设备软件业长期由国外企业把持。

因此，倪光南认为，想要保障自身的网络安全，中国就应该补齐这两个短板。

短板有两个方面，长板也同样有两个方面。与互联网相关的电子商务、移动支付和社交搜索是中国的优势，而人工智能、大数据、云计算和5G这些新兴技术也具有一定的优势。

倪光南认为中国在信息产业的发展上要扬长但不能避短，应该将短板补齐。独立自主研发信息技术，在很大程度上也是在保卫网络的安全和国家的安全。

倪光南提到，没有网络安全就没有国家安全，核心技术是中国信息产业最大的命门，核心技术受制于人是最大的隐患。在这里，倪光南用了一个巧妙的比喻，他认为缺少核心技术的信息产业，就像是在别人的墙基上盖房子，房子盖得再大再美也可能不结实，因为整个房子的地基是不牢固的。

现阶段移动生态系统和云计算的发展，都在使Windows开始走下坡路，中国在这个时间提出要替代Windows是非常正确的，同时也是有条件去做的。

微软公司宣称到2020年1月将会结束对Win7的技术支持，其目的就是要让使用Win7的用户转向Win10。倪光南认为中国自己的开源操作系统可以应对这一问题。

他指出，国产桌面计算机技术架构是1+1，主要是国产Linux操作系统+3中国产的CPU（申威、飞腾和龙芯）。与之相比，Wintel的架构是Windows操作系统+Intel CPU架构。

摆在国产Linux操作系统面前的当务之急是实现资源的整合。目前中国有10个左右百人规模的公司在各自为战，倪光南认为这样很难与市值7000亿美元的微软相抗衡，无法发挥我们自身的优势。

谈到替代，倪光南说这并不是一个简单的口号。从这些年的实践中可以看出，在经历一些阶段之后，完成替代是十分可能的。第一个阶段是不可用。第二个阶段是可以用，却不那么流畅。第三个阶段则是好用。倪光南认为中国在航天科技中所用到的国产终端并不比Intel差，信息技术产业也应该去为此进行尝试。

对于操作系统的自主创新，倪光南认为："我们知道，操作系统很重要，一定要自己做。很多人认为中国没有能力做，我们最大的优势是人力资源，中国人最聪明、最勤奋，到现在为止我还没有看到世界上总体比中国更强的，我们要做的东西一定会下决心做出来，只是我们没想做。"

在演讲最后，倪光南提到："网络信息安全离不开政策的支持。政府要带头使用国产软件，我们要向华为学习，因为华为有备份系统。相信通过我们国家和企业、个人的努力，我们一定可以通过自主可控达到技术安全，从而保证网络安全。"

第六章 论中国科技的新未来

第三节 棱镜门事件的思考：未来的网络要自主可控

2013年6月5日、6日，前中情局职员斯诺登通过英国《卫报》和美国《华盛顿邮报》曝光了美国国家安全局的一项绝密监听计划——棱镜计划。该计划从2007年开始实施，监控范围包括了电邮、即时消息、视频、照片、存储数据、语音聊天、文件传输、视频会议等细节内容。

斯诺登不仅揭露了美国情报机构从微软、谷歌、Facebook、苹果和雅虎等大型互联网企业获取用户数据，还指出美国国家安全局通过思科路由器监控中国的电脑和网络。此外，斯诺登还揭露了美国政府曾经长期入侵中国网络系统，攻击中国的大学、商业和政府机构的网站。

"棱镜门"事件震惊了全世界，更引发了大众对国家信息安全的思考。在倪光南看来，"棱镜门"事件充分暴露了中国网络空间的软肋。他指出中国所用的信息技术、设备、系统和服务大多是由这些参与"棱镜"计划的公司所提供的，正是这样，中国的网络系统才会轻易被入侵和监控。

倪光南：大国匠"芯"

倪光南认为，依托于微软、谷歌、苹果和思科等外国公司的技术和设备来运作的中国网络空间是缺乏防护能力的，这也是中国信息产业的一个软肋，对方十分容易通过这一软肋对中国互联网进行攻击或监控。

早在20世纪90年代开始，倪光南就不断发出使用国产操作系统、应用软件和硬件设备的倡议，指出用国外的软件和硬件可能会存在风险和隐患。但由于当时中国互联网的普及程度还不广泛，软硬件研发技术也明显不足，所以国外软硬件依然在中国市场占据主流，即使到了今天，这一问题也没有得到有效解决。

"棱镜门"事件的爆发让大众认识到了信息安全的重要性，也知晓了中国信息产业的软肋所在。在倪光南看来，想要解决信息安全问题，消除信息产业的软肋，必须要从根本上提高中国网络空间的防护能力。想要做到这一点，一个关键的举措就是大力研发自主可控的国产软硬件，替代进口的国产软硬件。

当然，倪光南也提到，完成这一举措需要一个过程，并不能一蹴而就。但首先要确立起这样的目标，然后制订出完善的计划，接下来再一步一步地付诸实施。

为此，倪光南提到了我国用自主可控的北斗卫星导航系统来替代GPS的例子，认为中国完全有能力去研发自主可控的软硬件。他还指出，基础软件、基础硬件和关键的网络设备对信息安全的影响最大，必须要优先替换。

在2008年微软"黑屏"事件中，用户的电脑安装了杀毒软件，没有被木马病毒所感染，却无一例外地出现了"黑屏"问题。这就是因为这些软件都运行在操作系统之上，受到操作系统的控制，自然也无力抵抗操作系统所做出的改变。

正因如此，我们才高度重视基础软硬件和关键网络设备的自主研发，进而搭建好网络空间安全体系的基础。只有这样，才能够增强中国网络空间的防御能力，防止中国用户的网络信息不被窃取和监视。

关于"棱镜门"事件，倪光南还提到："任何政府采购都要以保障信息安全、国家安全为前提。"

对于这一点，倪光南举例说："联想微机的核心技术，包括CPU和操作系统等都是美国的，即使是这样，美国政府还不放心。相比之下，我国信息系统软硬件的核心技术几乎都是外国的，怎么反而可以高枕无忧呢？现在我国有些地方的政府部门在国产软件基本可用的情况下却大量采购外国软件，说明他们十分缺乏安全意识，缺乏法制观念。社会各界对于基础软件被跨国公司垄断的安全隐患缺乏认识。"

"棱镜门"事件也为中国各行业及政府采购部门敲响了警钟，从当前来看，国外的一些软硬件设备在性能上确实比国产设备优秀，但如果无法保证安全问题，采购国外具有安全风险的软硬件设备，岂不是"引狼入室"吗？

所以如何权衡技术性能和安全性能，是中国信息产业发展需要切实考虑的问题。

倪光南：大国匠"芯"

第四节 中兴事件：核心技术之殇

2018年4月16日晚，美国商务部向中兴通讯发布出口禁令，禁令表示直到2025年3月13日，美国公司将被禁止向中兴通讯销售零部件、商品、软件和技术。至此，中兴通讯迎来了关乎自身生死存亡的关键时刻。

对于此项禁令，中兴通讯发表声明称，此项拒绝令不仅会严重威胁中兴通讯的生存，同时也会伤害到包括美国企业在内的大量中兴通讯合作伙伴的利益。美国的这项禁令确实可能会威胁到中兴通讯的生存，因为中兴的核心产品，从手机到基站，从交换机到路由器，对美国芯片的依赖性都非常强。

中兴通讯设备的关键组件，主要由国际大厂进行零件供应，不少电信设备的零件都来自于美国的供货商。从整体来看，中兴所用的外来零件占总料件的比例达到了六成以上，而美国供应商提供的零件在外来零件中占了一半以上。因此，在美国禁令的背景下，中兴通讯的存货一旦用完，很快就会进入"休克"状态。

在倪光南看来,"中兴事件"是必然会发生的,即使不发生在中兴通讯身上,也会发生在其他中国企业身上。对于"中兴事件",倪光南说:"我们一直说要做自己的芯片,如果你不做,一定会遇到很多问题。核心技术受制于人是我们最大的隐患,中兴事件也验证了这一点。如果不掌握核心技术,人家迟早会用各种办法来给你设置障碍。"

"中兴事件"为中国企业敲响了警钟,缺少核心技术让中国企业的发展处处受限。自主研发核心技术是中国企业寻求发展的必经之路,从当前中国核心技术发展的情况来看,倪光南认为一概而论地说中国企业芯片研发技术不高,并不符合当前的客观情况。

为此,倪光南指出,中国的台式电脑和笔记本所使用的电脑芯片的国产水平离进口芯片还有三五年的距离,但在手机和服务器上所使用的芯片,有些却已经和进口芯片旗鼓相当了。在一些特殊领域,仍然存在很大的差距。这就是当前中国芯片产业面临的现实。

倪光南认为中国芯片产业的短板主要在制造上,想要在制造上赶上美国的水平,可能还需要十年八年的时间。想要尽快缩短与发达国家之间的差距,国家在政策方面的鼓励和扶持是必不可少的。

倪光南强调,在一些芯片的关键领域和大项目上,应该在政府支持下形成企业主导的格局,进而去推动芯片的国产化。大项目的研发如果过于分散,很容易会影响到合作的效果。小项目则可以完全放开,通过竞争的方式去实现优胜劣汰。

对于百度、腾讯、阿里进入芯片产业,倪光南认为这些企业并没有在

倪光南：大国匠"芯"

核心技术上投入很大力量，所以想要成功并不容易。他指出，BAT是很成功的，但在传统计算机领域，无论是CPU，还是操作系统，他们的投入都不大。这可能因为这些内容与他们自身业务的关联不大，从目前看，也并不是他们业务发展的主要方向，所以在投入上也都是有限的。

倪光南认为，如果企业想要依靠核心技术研发来获利，那可能要等待很长一段时间。企业能否在不盈利的情况下坚持进行研发投入，这是每一个进行自主研发核心技术的企业都要考虑好的问题，也正是基于这种考虑，阿里、腾讯和百度虽然已经开始在芯片产业布局，但真正要出成果可能还需要很长的时间。在倪光南看来，核心技术的研发、国家的主导和支持是关键。

虽然中兴事件最终以中兴通讯向美国支付4亿保证金宣告结束，但其对中国企业造成的影响却是深远的。倪光南认为，对于"中兴事件"不能存有侥幸心理，要坚决发展核心技术。他指出，中兴事件暴露出的一个问题是，我们的核心技术不是自己的，要依靠别人。隐藏在其中的一个更重要问题则是网络信息安全的问题，这一问题还没有暴露出来，但我们要及早进行部署，防止泄密。

第五节　用大数据技术重新认识世界

2015年1月21日,在《2014中国移动互联发展指数数据报告》发布会上,倪光南针对大数据产业发展、大数据技术应用发表了主题演讲。

在演讲中,倪光南提到,伴随着移动互联网的迅速普及,电子商务、云计算、互联网金融、互联网等一系列新的移动业态开始发展起来,大数据成为了新的产业革命的核心。

当今时代,全球大数据技术演进和应用创新快速发展,世界各国政府都已经认识到了大数据技术的重要作用。倪光南强调,大数据技术在推动经济发展、改善公共服务、保障国家信息安全方面具有重大意义。

倪光南指出,中国的大数据产业也已经逐步发展起来。越来越多的部门和机构已经认识到大数据的价值,开始用大数据来解决问题,发挥数据的价值。现如今,中国的大数据发展已经逐步走到了推广应用阶段。

在倪光南看来,大数据研究不只是要搜集海量数据,同时还要对海量数

倪光南：大国匠"芯"

据进行分析和处理，这样才能够发现数据中的价值。除了能够发现数据中的价值外，大数据还会改变人们对数据的认识，从而给人们带来一些预测趋势方面的新价值。

谈到大数据挖掘的内容，倪光南提到，在当前时代，数据的数量级是非常大的。从当前的IT系统来看，互联网中的数据每年都会增加百分之四十或五十，可以说每时每刻数据都在产生。在这些不断产生的数据中，有很多都是用户的行为数据，所以谈到挖掘大数据，更多是在围绕着人来进行数据分析。

倪光南认为，当前最具有大数据挖掘价值的方向就是以手机用户为中心的挖掘。现在手机成为了人们获取信息的重要终端，同时也是最重要的联网渠道。因此用户在手机端生产出的数据量非常多，掌握好这些数据，从中挖掘有价值的信息，对于解决问题具有重要意义。

在倪光南看来，大数据中蕴含着许多重要的战略资源，与各行业的发展有着密切关联。大数据研发的成果将会直接服务于公众和社会。倪光南认为大数据技术的发展一定要与各行业紧密结合，只有这样才能够产生价值。

对于大数据的发展，倪光南也并非盲目乐观。倪光南指出，大数据在质和量方面的发展，让大数据的安全问题变得异常复杂。

他说："大数据在量的发展，使得其安全问题的重要性远远超过传统数据安全的标准。在大数据时代不重视安全，可能会发展成为某种灾难，而大数据在质方面的发展，也带来了新的安全问题。大数据有文字、图片、影音各种格式，也有许多来源，当把这些不同类型的庞大数据融合在一起进行处理时，不仅对技术是个挑战，对处理的合法性、安全性也是一大挑战。"

大数据是一种资源，这一点无可置疑。但数据的海量增长究竟是好事还是坏事，就要看人们怎样使用它了。倪光南认为当大数据的质和量达到一定程度时，其价值会逐渐增大，但各种安全问题也会随之出现，严重时更会影响到国家安全。

为此，倪光南认为国家应该及时制定大数据安全的相关法规和标准。他指出，大数据作为新生事物，相应的法规、制度的建立必然会落后于大数据的发展。但如果等到建立好法规、制度之后，再去发展大数据，就会落后于其他国家。因此，倪光南认为中国应该一边发展大数据，一边加强和完善与大数据相关的法制建设，以期形成一种良性循环。

同时，倪光南还指出，在大数据技术应用方面，中国拥有人才和市场两个方面的优势。利用人才优势可以对大数据技术进行更深入的研究和扩展，利用市场优势则可以为大数据的发展创造便利条件。

毫无疑问，数据信息还会持续不断地增长下去，想要确保大数据的安全，个别企业的力量是微不足道的。倪光南认为，这是一个系统工程，需要政府、企业、个人等多方共同努力。

倪光南：大国匠"芯"

第六节 云计算改变信息技术格局

云计算是一种按使用量付费的模式，其可以提供可用的、边界的、按需的网络访问，进入可配置的计算资源共享池。使用者只需要投入很少的管理工作，就能够快速获得自己想要的资源。

倪光南指出，按照传统技术路线建立起来的数据中心，会有95%的计算资源被闲置，75%的能源会消耗在与计算无关的设备上。但采用云计算模式之后，计算资源的利用率就能够达到60%，有效能耗也能够提高将近50%。

对于云计算这一概念，倪光南认为，这是一种动态的易扩展的且通常是通过互联网提供虚拟化的资源计算方式。云计算能够快速部署资源、获得服务，同时还可以按照需求来扩展和使用。

在具体分类上，倪光南认为云计算可以按照两种层面来进行划分。一种是按照应用系统分类，当前主要可以分为基础设施、应用平台、应用软件等，这是一种自然的趋势；另一种就是按照云服务的对象来划分，也就是现在经常提到的公有云、私有云和混合云。

对于云计算的演进与发展，倪光南认为是一种必然的趋势。他指出，传统的设施架构已经无法再适应巨大的信息量需求。当前市场主要受到两个方面的驱动，一方面是信息爆炸，另一方面则是来自数据中心的压力。倪光南认为云计算正是在这种趋势下发展起来的。

随着互联网的不断发展，信息数据大量增长，处理这些信息，企业需要付出许多额外成本。为了在竞争中争取主动，企业必须要减少这些额外成本支出。

云计算的出现为企业提供了一种新的可能，凭借着高处理性能、低成本、高扩展性的优势，云计算受到了广大企业的欢迎。

倪光南很看好云计算模式，他认为这种模式将会引起信息技术格局的剧烈变化。在传统的计算机领域中，微软和英特尔组成的Wintel联盟常年垄断着桌面终端，但在云计算时代，终端设备的重要性开始下降，更多的资源被集中到了"云端"。这样一来，用户关注的焦点也就从桌面终端转移到了"云端"服务的性价比上。

倪光南认为，借助这种变化，"云服务"提供商可以摆脱用户对于进口技术的使用依赖，开始逐渐转去使用国产的IT技术。在使用国产IT技术之后，对于一些重要的信息内容，就能够做到更加自主可控。

当然，这个过程并非一蹴而就，但至少在云计算技术的发展上让人们看到了这种可能。

其实，国内的一些大型云计算中心，设备主机已经开始使用国产技术。

倪光南：大国匠"芯"

倪光南表示，当前全球范围内的云计算平台，有90%都是基于开源软件开发而来，这其实已经动摇了微软等老牌计算机企业的地位。

倪光南指出，国内云计算服务产业正在迅速发展，其对中国的信息化进程产生了重要影响。在具体表现上，倪光南提到了8个方面的内容：

一、云计算可以大大提高IT资源利用率和节约消耗。

二、云计算能实现无IT基础设施的信息化。使用者可以从云计算服务提供者那里选择获取各种服务，节省了大量用于基础设施建设和IT人才聘用方面的支出。

三、云计算可以大大节约信息化成本，并能快速部署计算资源，便于企业发展新业务，提高企业的生产效率和管理效率。

四、云计算将物理上分布得较为分散的计算资源转变成一种虚拟的计算资源，并整合在了一起。这样不仅便于使用者进行管理，同时还能更好地进行运营维护。

五、云计算中心可以建设在一些边缘地区，进而降低信息化建设和维护的成本。

六、云计算可以采用"瘦客户端"，这样更加安全，也能使云计算支持更多云端设备，有利于移动办公等新业务的开展。

七、私有云可以提供内部服务，公有云可以提供对公服务。由于云计算可以高度整合资源，集中进行管理，因此能够保障信息的安全。

八、由于中国信息化起步较晚，因此过渡到云计算要比发达国家更轻松。

在倪光南看来，云计算作为新一代信息技术，当前已经取得了重大发展。但从长远角度来看,当前中国云计算业务的发展并未充分成熟,云计算市场还没有完全开发出来。这既是一件好事,同时也是一件紧迫的事。中国云计算企业应该努力研发云计算技术,提高自身的市场竞争实力,关键的一点在于,要将云计算中的核心软硬件技术掌握在自己手中,这样中国云计算的发展才不会受到限制。

倪光南：大国匠"芯"

第七节　解读"中国创造"

"中国制造"和"中国创造"之间，虽然只相差一个字，但想要改变这个字，却要走很长一段路程。现在的中国正在向着"中国创造"的道路前进，对于中国如何走好"中国创造"这条道路，倪光南从自己亲身经历出发，对"中国创造"进行了解读。

倪光南认为，中国成为世界制造大国，是改革开放所取得的重要成果。但从科学发展观的角度来看，想要实现全面协调可持续的发展，就必须要从"中国制造"向"中国创造"发展。

倪光南指出，这不仅是科学发展观的要求，同时也是中国内外环境共同影响的结果。从内部条件上看，中国在资源、环境以及劳动力方面都出现了不小的问题；而从外部条件来看，中国在国际贸易方面的压力也越来越大，失去了人口红利之后，中国经济发展速度出现下降。正是这些因素的共同作用，才使得政府不得不加快推动从"中国制造"向"中国创造"的转变。

在倪光南看来，从"中国制造"向"中国创造"的转变，其根本途径就是提高自主创新能力，建设创新型国家。在这个过程中，企业应该成为创新的主体，国家应该加大对科技的投入，大力发展那些依然被国外企业掌控的核心技术。

倪光南认为，在走向"中国创造"的过程中，国家应该发挥关键作用。一些高端技术项目，单靠个别企业的能力是无法实现的，国家应该起到带头引导作用。此外，国家还应该注重营造出适宜的政策环境，让企业和人才能够拥有更广阔的发展空间。

在实现"中国创造"的过程中，中国的软件产业最有可能实现跨越式发展。倪光南指出，中国软件产业发展具有许多优势，其中最主要的就是巨大的本土市场和丰富的人才资源。当前，软件产业正处于技术更新换代时期，更利于中国软件产业实现跨越式发展。

倪光南认为，中国软件产业虽然起步较晚，但完全不必去走发达国家的发展道路，反而应该利用自身优势去争取实现跨越式发展。他指出开源软件就是一个可以尝试的方向，研发开源软件就可以让我国软件产业处于一个开放的环境中，不必从零开始去走发达国家的老路。

在论述软件产业走向"中国创造"的过程中，倪光南特别强调了"印度模式"。他并不赞同中国去走印度发展软件产业的道路，认为这并不符合中国当前的国情。从中国当前的国情来看，像印度一样开展离岸外包业务，只能作为软件产业发展的一个部分，并不能作为软件产业发展的全部。

倪光南认为，软件产业是国家应该优先发展的战略性产业，它对于支

倪光南：大国匠"芯"

撑信息化建设、保障网络信息安全具有重大意义，而离岸外包业务的作用仅仅是带动就业。因此，中国只能将离岸外包业务看作软件产业的一个小的分支，而不是主要部分。

单纯通过离岸外包业务，可以让中国变成软件制造大国，却没有办法让中国变成软件制造强国。到头来，中国生产的软件产品的核心技术依然掌握在国外企业手中，中国依然只是软件产品的"制造者"，而不是"创造者"，这不符合"中国创造"的具体要求。

倪光南认为，在"中国创造"的道路上，中国软件产业的发展要不断落实自主创新的战略方针，只有这样才能够让中国最终成为一个软件强国，而不仅仅只是一个软件大国。当自主创新技术取得突破之后，中国便可以利用巨大的市场和人才资源，建立起自主软件产业体系。

第八节　区块链面临的机遇与挑战

时代在不断变换发展，倪光南的眼光却始终在紧盯着科技发展的最前沿。从联想汉卡到联想微机，从操作系统到芯片研发，倪光南始终没有停下自己的脚步。过去已变成历史，在数字经济时代，倪光南又将眼光对准了大数据、互联网+和区块链等新的潮流趋势。

在一次论坛上，倪光南发表了主旨演讲，他提到："中国已经进入了数字经济时代，未来国家将在5年内投入1000亿元支持信息技术的发展，支持新一代信息技术的发展，像人工智能、大数据、物联网、云计算、5G通信，包括区块链在内。这对于中国赶上发达国家，尤其是在网信领域争取赶上发达国家，实现进一步提升经济实力，提升科技水平，建设网络强国有重要意义。"

对于区块链技术的发展，倪光南提到："应开放区块链技术政府应用、社会管理、贷款、保险、教育、医疗等应用场景，实现新技术对旧技术的替代。"他将区块链技术的创新和尝试比喻为"换道超车"。

"弯道超车"经常听说，但"换道超车"的说法却并不常见。倪光南给出的解释是，新技术很难去超越传统的已颠覆的领域。但在新领域之中，在同一个起跑线上，中国是有机会与发达国家相抗衡的。

犹如操作系统和芯片领域，发达国家在很多领域已经形成了垄断，中国想要后发先至非常难。想要在这些领域完成超越，不仅要在技术上形成领先，还要构建起完善的生态系统，这样才能在已经形成垄断的领域中获得市场份额。倪光南认为技术方面的难关容易攻克，但若想要改变一个人的习惯、一个领域的生态则是十分困难的。

正是在这样的环境下，除了依然继续发展现有技术外，还要注重信息技术领域中的新机遇。倪光南指出，区块链就是这样一种新技术，所有国家都在尝试推广，都还没有形成垄断。他认为区块链是一项非常有潜力的技术，在其没有形成垄断、发展还未成熟的情况下，进行区块链应用创新正是一个"换道超车"的好机会。

对于如何建立区块链技术体系，倪光南认为技术应该通过应用来体现。可以通过聚集好的企业，在他们的技术之间形成某一类技能或应用的核心示范，以此去更好地进行推广。对于刚刚起步的技术，需要努力进行创新。

区块链技术发展的关键是要找到合适的落地场景。倪光南认为从政府的角度来讲，首先要提倡创新，给予企业多种便利条件，创造出一个良好的创新环境。在鼓励创新的基础上，政府还应该广泛培养人才、吸引人才、开放应用，要让政策与市场优势相衔接。

在发展区块链技术应用上,倪光南提出了三个方面的建议:

第一,开放应用场景。

倪光南认为,想要实现新技术对旧技术的替代,就要开放区块链技术应用场景,政府应用、社会管理应用、贷款应用、医疗应用、教育应用,这些都可以应用上区块链技术。

第二,打造应用生态。

在推出区块链应用之后,倪光南认为应该尽快对实体经济进行深度融合,从而形成以区块链技术为核心的应用生态。在应用生态形成的基础上,进而形成其产业生态,这样区块链技术才能够进入到主流信息技术领域,替代现有技术应用。

第三,加大政策扶持。

区块链技术应用的推广,需要政府从研发投入、人才政策、产业基金等多个方面进行鼓励和扶持。

区块链行业在最初发展阶段经历了资本逐利乱象,这正是缺乏政府引导导致的不良后果。政府在进行引导和管理时,不能管控过严,也不能撒手不管。政策扶持是必备的,制度规范也不能少。

在倪光南看来,区块链技术的发展就应该在尝试的过程中不断改进,按照正确的方向去努力,没有什么事是一蹴而就的。在未来,区块链技术将会与各种信息技术融合应用、加快发展,区块链也将会为云计算、大数据、物联网、移动互联网等新一代信息技术的发展带来新机会。

第九节 "互联网+"与机器人红利

近年来,随着中国人口红利迅速减少,劳动力成本快速上升,一些企业开始考虑用智能机器人替代人工。可以想象,在未来一段时间,伴随着人工智能技术的发展,中国将会成为世界最大的工业机器人市场。

倪光南在一场主题为"互联网+"的研讨会上曾提到,当前中国在发展协作机器人方面已经拥有大市场、低成本、核心技术及核心零部件等诸多方面的优势。协作机器人的普及,将会对我国的工业在自动化、智能化方面产生深远的影响。

所谓协作机器人,就是指机器人与工人在一定的工作区域范围中,为达成任务目标而进行的直接合作行为。一般来说,机器人适合从事精确度高、重复性强的工作,人则可以在机器人的辅助下进行一些更有创造性的工作。

倪光南认为,当前时代,"互联网+"的一个重要方向就是让数字经济和实体经济进行深度融合。在这个过程中,协作机器人将会发挥重要作用。

倪光南提到，协作机器人将会成为中国的一个机遇，传统产业的转型升级将会得益于协作机器人的应用和普及。

对于协作机器人的应用，倪光南认为："传统工业机器人普遍不安全，操作和集成都较为复杂，且投资回收周期较长，仅适合单一品种大批量生产线应用，如汽车行业。人机协作型工业机器人本质安全，无须防护；开箱即用，操作简单；价格较低、易集成，且投资回收快，比较适合小批量、多品种定制柔性生产线应用，如3C领域。"

倪光南指出，正是借助这些特色和优势，协作型工业机器人才有望成为机器人类型之中的主流。而且从中国当前的现实来看，在发展协作机器人方面，中国有着诸多便利的条件。

首先，中国已经掌握了协作机器人的全部核心技术。对包括机器人操作系统、电机驱动控制等技术，中国都已拥有了自主知识产权。

其次，协作机器人的核心部件已经基本完成了国产化。诸如减速器、控制器等关键的核心部件，中国已经不再需要依靠国外企业提供，这在很大程度上降低了协作机器人的生产成本。

第三，中国本土拥有广阔的市场。在智能机器人领域，中国政府已经出台了国家级战略。同时在机器人应用上，中国也是全球最大的机器人应用市场。

第四，强大的技术工程师队伍。在智能机器人研发领域，中国拥有庞大的软件工程师队伍，能够为机器人研发提供强大的服务支撑。

在倪光南看来，当前中国正致力于传统制造业向互联网化智能制造升级，机器人市场潜力巨大，机器换人、政策支持等因素都导致了机器人行业

倪光南：大国匠"芯"

呈现井喷式发展。

他还提到，国产机器人正在积极进入新兴行业市场，并且已经拥有了不少成熟的应用案例。

对于智能机器人产品的发展趋势，倪光南提出了一个与大众并不相同的观点，他认为机器人产品的研发趋势应该朝着工业部件化和应用傻瓜化的方向发展。

倪光南并没有过分强调机器人的智能化，而认为国产机器人产品应该向着更适于应用的角度去发展。

对于国产协作机器人的性价比优势，倪光南认为，首先可以借助国内制造业的规模优势，在保持相同性能的前提下，降低国产协作机器人的价格。其次，在高性价比的基础上，再结合服务优势，将其大量应用在制造业、商业和服务业中，用来替代简单重复的劳动力。

倪光南认为，中国的机器人市场完全可以走中国家电市场的发展路线，依靠高性价比和服务去与国外企业竞争，进而进入到国外市场之中。倪光南举例说道："这其中的一个典型案例是，国产平衡车企业纳恩博研发出的售价2000元的产品，打败了售价几万元的平衡车始祖赛格威，最后还收购了赛格威。"

在倪光南看来，中国积极研发协作机器人是很有现实意义的。随着中国劳动力成本的不断上升，中国的人口红利开始逐渐消失，这对于中国经济发展来说并不是一件好事。但从另一个角度来看，这种现象又为协作机器人的发展提供了有利条件，也就是说，机器人红利将会开始逐渐呈现出来。

倪光南指出，中国人口红利消失始于1990年，基本到2016年结束。这一时期，中国不仅劳动力成本开始上升，劳动力数量也出现短缺，许多行业都面临着转型升级的压力。正是在这种情形下，机器人换人的缺口也开始逐渐扩大，超过了千万台以上。

倪光南认为，中国机器人红利兴起的阶段将会在2018年到2025年之间。此后机器人替代人的劳动将会成为全球制造业发展的一个主要发展方向。机器人不仅可以从事高危风险的工作，同时还能够进行精确作业，有利于大幅提高制造业的水平。

为此，倪光南预估中国在2020年机器人市场容量将会达到1763亿元，并有望崛起几家本土机器人企业。除了机器人红利外，倪光南还提到了"工程师红利"。

他说："按平均价格每台3万元，未来将形成3000亿元以上的市场，带动制造业、商业、服务业的产值在万亿元以上；同时，需要大量的机器人工程师开发、维护、服务机器人，按10∶1计算，千万台机器人需要百万名机器人工程师。"

因此，在2020年之后，有一段时期，中国将会进入"工程师红利"阶段。

倪光南认为，中国应该通过培养百万级的机器人工程师来缓解机器人大规模应用后的就业问题，改变当前中国以低端为主的劳动力结构，进而带动中国机器人产业在国内和国外的应用与推广。

在"工程师红利"阶段，倪光南十分看好软件工程师在未来的发展。他指出，新一代信息技术所需的工程技术人员约七成是软件工程师。因此，今后软件工程师将有巨大的需求。

倪光南认为,如果中国能够做好软件人才的培养,就能够迅速发展包括机器人在内的新一代信息技术,而随着"工程师红利"的逐渐兴起,中国又将迎来新一阶段的快速发展。这是他希望看到的,也是大家希望看到的。

后 记

写完这本书，内心轻松了许多，很多年积聚在心中的感慨终于找到了合适的出口。虽然写作过程比较曲折，要处理的事情比较多，比如有些人怎么避开，有些事该不该写，等等，这些问题时时困扰着自己。不过，深思熟虑后，终于在各种取舍间找到了自认为合适的选择。

写作过程中，不可避免要涉及一些人，对于那些人，基本上就事论事，不做偏向性分析。我知道，不是当事人，很难了解其中的曲折。但有必要在这里发表一下个人观点：这个世界缺了谁都可以，谁也不是谁的"教父"。那些自信以至于接近自负的人，应该学一学倪院士在接受采访时像个小学生那样谦卑和温和的态度。

为什么要写倪光南先生？如果从商业价值考虑，雷军、马云等人更有市场价值，倪院士虽然学识高，但商业性远远比不上明星和商界大咖。之所以会做这种吃力不讨好的事情，主要基于三方面的思考。

倪光南：大国匠"芯"

第一，倪光南院士几十年如一日地为"中国芯"奔走呼号，这种奔走呼号，不是基于一颗民族心，那是基于什么呢？很多年前，听一位睿智的长者说过，自己的事情还是要自己办，把希望寄托在他人身上会非常危险。即使是那些中国人民的老朋友，面对民族利益时，也会有很大的偏向。例如某个中国的老朋友，某家操作系统在中国遇阻时，出来替那家公司搞公关，说好话。倪院士这么多年到处奔走，以至于被骗了也不后悔，也正是基于此吧。

第二，今年美国芯片断供，让中国结结实实认识到拥有核心产品的重要性。作为中国人，除了抱怨外，还要出一份力。虽然没办法实质性地做一些事情，但帮忙呐喊、助威也是略尽绵薄之力。

第三，很多年前，看过一则新闻"倪光南院士被扫地出门"，内心咯噔一下，连连反问：怎么会这样？那时的人生阅历没办法帮我合理解释内心的疑问，不过，有了这次接触后，一旦有倪光南的新闻，便会仔细研读。久而久之，就能"管中窥豹"般地了解倪光南先生。这次芯片事件，加上梁宁女士那篇著名的文章《一段关于国产芯片和操作系统的往事》的"推波助澜"，让我有了写倪先生的冲动，也算是了却了我的一桩心愿。

写作过程中发现，不仅倪院士，还有许许多多像倪院士一样，为了民族强大而始终坚持梦想的人，他们的行为感动了我，让我有必须写完的冲动。可能本书存在这样或那样的问题，但作者的态度是认真和严谨的，如果出现了失实的地方，请各位多多体谅。

最后，感谢倪光南先生，感谢那些为民族核心技术奔走的人们，正是有了他们，我们这个民族始终屹立不倒，越发强大。